J. J. ROUSSEAU

A

L'ASSEMBLÉE NATIONALE.

J. J. ROUSSEAU

A

L'ASSEMBLÉE NATIONALE.

. , . . Vitam impendere vero.

Si les François font avilis actuellement , c'eft par la faute d'autrui : fouvenez-vous , Milord , qu'ils ne feront pas vils dans vingt ans.

J. J. ROUSSEAU , Lettre écrite à Milord*** en 1763.

Non pas pour moi ;
Non pas pour moi , Seigneur. ...
Pfeaum ....

A PARIS,

Rue du Hurepois , Nᵒ 2 5.

1 7 8 9.

INTRODUCTION

O U

D I A L O G U E

DES PATRIOTES FRANÇOIS

AUX CHAMPS ÉLISÉES.

A peine eut-on appris dans les Champs-Elifées que les François, las de vivre dans l'avilifement de l'efclavage, & au milieu de tous les défordres de l'anarchie, s'occupoient férieufement des moyens de recouvrer le bonheur & la liberté, qu'un roi citoyen raffembloit autour de lui fes fideles fujets pour connoître le vœu de la nation, pour fecouer le joug de l'ariftocratie, cette nouvelle répandit la joie parmi tous les morts célebres qui ont honoré la France par leur génie,

A

qui l'ont protégé par leur vertu. Tous quitterent leurs folitudes paifibles & fe porterent en foule vers les bocages céleftes ou Louis-le-Gros, Louis IX & fon fidele Joinville, Louis XII avec d'Amboife, & le bon Henri auprès du vertueux Sully, jouiffent fans ceffe d'un bonheur pur & fans mélange, favourent en paix la douce quiétude d'une félicité éternelle.

On vit s'empreffer fur les pas l'un de l'autre, Suger, Bertrand du Guefclin, Lahire, Dunois, Jeanne d'Arc, l'Hôpital, Fenelon, Catinat, Vauban, Voltaire, Dargenfon (1), Mably, Dumuy, Turgot, Chamouffet, Dupaty, & J. J. Rouffeau.

Tous à l'envi félicitoient nos bons monarques & leurs dignes miniftres de l'heureufe révolution qui fe prépare.

Oui, s'écrioient-ils de concert, ils vont luire enfin pour la France dans tout leur éclat ces beaux jours dont vos regnes, à jamais mémorables, ont vu briller l'aurore !

Eh quoi ! dit le bon Louis XII, en verfant des larmes d'attendriffement (elles font encore

____

(1) L'auteur des Confidérations fur le gouvernement ancien & préfent de la France.

douces aux Champs-Elifées les larmes que verfe la bienveillanee), ces bons François qui m'ont appellé leur pere , parce que je les chériffois comme mes enfans , verroient-ils donc à la fin récompenfer leur fidelle tendreffe pour leurs rois.

Seroient - ils donc enfin abattus , interrompit Louis-le-Gros , ces *tyrannaux* , ces nobles infolens , dont ma vigilante intrépidité pourfuivoit par-tout l'orgueilleufe audace.

N'en doutez point, s'écria Dupaty. Louis XVI a marché fur vos traces. J'ai vu porter les premiers coups à l'hidre hideufe de l'ariftocratie. J'ai vu tomber l'orgueil d'une magiftrature dont le defpotifme étoit plus affreux que celui des tyrans qui habitent le Tartare. Moi-même j'ai éveillé contre eux l'opinion publique en dérobant plufieurs victimes à des arrêts fanguinaires ; fecondé d'un magiftrat, digne de ce nom par fon humanité & fon génie (1) , j'ai dévoilé une partie des crimes de l'ariftocratie , en dénençant au monarque & à fon peuple les atrocités d'un code qui n'eft dirigé que contre la foible innocence.

Au moment où les dieux m'ont appellé dans

---

(1) Eft-il befoin de nommer M. de Servan.

cet heureux féjour , les cris du peuple s'élevoient de tous côtés contre les ariftocrates.

Oui , dit M......, j'arrive en ce moment de la France , & les *hommes* dont je fus *l'ami* (1) , les hommes que je défendis contre les fureurs du luxe & de la guerre , contre les tyrans qui les oppriment , commencent à s'y montrer dignes de la liberté , puifqu'ils y refpectent leur roi , & n'y refpectent plus aucuns des monftres qui le trompoient pour les perdre.

Des écrivains pleins de génie & de connoif-fances , mon fils , dont la renommée eft fans doute parvenue jufqu'à vous fous ces voûtes éternelles ; mon fils , dont les talens ont de beaucoup furpaffé les miens , dont le zele patriôtique eft fecondé par la plus rare intrépidité , Mounier , Bergaffe , Rabaut de S. Etienne , Syeyes , Target , Cerutti & vingt autres ont éclairé de toutes parts le peuple fur fes droits dans des brochures où refpire à chaque page la fageffe , la connoiffance des principes & des faits , la raifon la plus lumineufe & le plus profond génie.

---

(1) Au moins dans quelques excellens morceaux de fon livre.

(5)

Une affemblée nombreufe compofée en grande
partie de citoyens dont les lumieres égalent le noble dévouement, eft venue à bout de montrer
au monarque fes vrais intérêts, de diffiper à force
de conftance & de fageffe tous les efforts de la
ligue des ariftocrates.

Divifés entr'eux, humiliés par les défenfeurs
du peuple, n'ayant plus de reffources que dans les
plus odieux forfaits, ils ont ofé appeller des foldats
étrangers pour laver avec eux dans le fang de leurs
concitoyens leurs mains féroces.

A ces mots Louis XII pâlit, Henri, le bon
Henri changea de vifage (1). Ne craignez rien
pour les fideles françois, reprend auffi-tôt *l'ami
des hommes*; non, jamais dans aucun fiecle, dans
aucuns pays on n'a vu la tyrannie repouffée par
de plus généreux, de plus unanimes efforts; jamais on ne vit un peuple entier mefurer tous fes
deffeins, toutes fes démarches avec autant d'ordre,
d'enfemble & de fageffe; jamais on n'oubliera que
dans une ville immenfe, de toutes parts, fans être

---

(1) Sans doute on ne connoît plus aux Champs-Elifées ces fignes de notre foibleffe. Mais il m'a fallu les prêter à ces ombres heureufes pour peindre l'intérêt qu'elles
prennent à leurs defcendans.

prévenus, sans avoir de chef à leur tête, des bourgeois toujours paisibles jusqu'alors, des citoyens dont les mains inexpérimentées savoient à peine manier le fer, se sont tous armés en un instant, & ont déconcerté tous les projets de leurs ennemis par une prudence aussi calme dans ses vues, aussi sage à entreprendre, que leur courage étoit intrépide à exécuter.

Oui, c'est un spectacle dont tout l'univers conservera une admiration éternelle, qu'une nation immense jugée jusqu'alors légere & emportée, s'avançant de tous côtés avec une ardeur toujours égale, & presque par-tout maîtresse d'elle-même, vers le temple de la liberté; qu'une capitale habitée par un million d'hommes, se réunissant tous avec le même zele pour défendre leurs foyers, conservant tous au milieu des transports du courage, de l'effervescence de la colere; tout le calme de l'union civique, toute la modération de la paix, tout le sang froid de la prudence au milieu des plus terribles dangers; prévoyant partout les périls, & prenant tous sur le champ, comme de concert, les précautions nécessaires pour les écarter, se portant tous avec la même intrépidité à tous les postes d'où leurs ennemis les menaçent, les en chassant avec un égal succès, & les forçant à se retirer ou à se rendre, abattant avec le glaive de la *justice d'un peuple offensé, des têtes coupables*, sans qu'aucuns emportemens aient compromis l'innocence , sans qu'aucun secours ait manqué au malheur , aucun témoignage d'amour & de respect à des représentans vertueux & sages , à un monarque assez grand pour reconnoître son erreur & la réparer, aucune larme de la joie , aucune caresse de la reconnaissance à des soldats patriotes (1).

Oui, j'ai terminé ma vie au milieu des clameurs de l'aristocratie aux abois.

Et mes derniers regards ont vu fuir les tyrans.

Eh bien, dit le digne archevêque de Cambray, s'avançant vers le grand Henri , dont le front immortel étoit tout rayonnant de joie ; vos vœux touchans pour votre pays seront enfin exaucés ; il paroît qu'on se flatte en France de voir bientôt s'accomplir ces paroles naïves, proférées dans l'effusion de votre royal amour ; ces promesse si cheres au cœur des François, que j'aurois tant desiré voir se réalifer sous le regne de votre petit-fils : le paysan de ma patrie peut donc

---

(1) Je prie le lecteur de se reporter au moment où ce récit est censé fait ; c'est-à-dire au dernier jour de la fameuse huitaine.

efpérer enfin fous Louis XVI, *de manger*, quelques jours, *la poule au pot.*

M A B L Y.

J'avois donc eu raifon de dire que la liberté vouloit quelquefois être achetée par le fang.

A ces mots, le chantre de Télémaque ne put s'empêcher de montrer un front trifte & mécontent.

R O U S S E A U.

Mably, fongez à l'air pur & doux que nous refpirons, & oubliez ici que fur la terre vous fûtes quelquefois mal à propos, chagrin, dur & violent.

Ce n'eft pas votre livre fur les *Droits & les devoirs du Citoyen*, qui vous a donné une place parmi nous. Vos mâles vertus & votre charité ont feules au contraire fait oublier l'inhumanité de quelques-uns de vos principes, l'immortalité de quelques-unes de vos leçons; c'eft en faveur de votre vertu, c'eft en faveur de votre noble défintéreffement & de votre bienfaifance qu'on vous a pardonné, d'avoir prêché la guerre civile.

Mably, votre fageffe profonde vous fit prédire la revolution de l'Amérique; c'eft elle encore qui a foulevé à vos yeux, le voile qui dérobe l'avenir aux regards des foibles humains, pour vous découvrir dès vos premiers écrits la révolution qui s'opere; c'eft elle qui vous a fait prédire le rappel des état-généraux; qui vous a fait dire que fi *la preffe étoit libre un feul inftant, les François auroient bientôt plus de lumieres, qu'il n'en faut à l'amour de la liberté* pour le diriger dans fes nobles entreprifes.

Mais votre mauvaife humeur, votre dureté vous ont trompé quand elles vous ont porté à prêcher la guerre civile.

Le bonheur & la liberté ne reffemblent point à ces feux terribles qui n'éclairent qu'un inftant les tempêtes; ce font des aftres pacifiques qui ne peuvent briller que fur un ciel fans nuages (1).

La guerre civile, heureufement, à ce qu'il paroît, au récit des deux voyageurs que nous venons d'entendre, ne déchire point le fein de ma patrie adoptive. Cette affreufe reffource a échappé aux mains impuiffantes des ariftocrates; ils ont été trop foibles pour retarder fon bonheur par des

---

(1) Image empruntée des *Etudes de la nature*, tom. 3.

combats fanglans. Ils tremblent , & le peuple les punit fans craindre leur rage. Voilà tout ce que je vois dans ce récit. Or la juftice févere qu'exerce le peuple , n'eft point une guerre civile. Les atrocités de quelques furieux qui fe vengent avec une barbarie provoquée par la longue cruauté de leurs oppreffeurs , les clameurs foudoyées de quelques forcenés attroupés , ne font point une guerre civile.

Le fouverain être veille fur les françois. Il frappe leurs tyrans de fa main vengereffe. Il met la fageffe & le patriotifme de l'humanité dans le cœur de leurs repréfentans , les armes à la main d'un peuple courageux , d'un bout du royaume à l'autre. Il leur envoye une moiffon fertile. La prudence jointe à la pitié vont ouvrir aux pauvres les bourfes de la richeffe. Un homme chéri du peuple , paroiffant au milieu des François , a calmé leur fureur , adouci leur vengeance.

Ainfi, en les garantiffant de l'ariftocratie , de l'anarchie , de la famine , en arrachant de leurs mains les torches de la haine , il va tromper les rufes de leurs tyrans , prévenir les foulevemens de la mifere , éloigner d'eux les horreurs des diffentions inteftines , favorifer par le calme de la paix les importans travaux de leurs légiflateurs, & pré-

parer par le concours de tant de bienfaits le retour du bonheur & de la liberté, après lequel
foupirent depuis fi long-tems des millions d'innocens opprimés.

Ce font fur-tout mes écrits, je puis le dire dans
ce féjour, où ne pénetrent plus ni l'orgueil, ni
la jaloufe vanité ; ce font mes écrits, qui en ra-
menant tous les cœurs aux fentimens de la nature, en fécondant dans toutes les têtes le germe
de la raifon univerfelle, en pofant fur les bafes
éternelles de la vérité les principes du bonheur
de l'homme en famille & en fociété ; ce font mes
écrits, qui ayant d'abord opéré une révolution
dans la vie privée, finiront par en opérer également une dans la vie publique ; j'ai dégagé des
préjugés nuifibles la raifon de chaque individu,
& toutes ces raifons plus éclairées ont formé une
maffe de lumieres d'où réfultera bientôt l'évidence
de la raifon générale.

Heureux, fi, ayant maîtrifé leurs ames par
l'afcendant de mon éloquence, j'ai pu influer fur
leurs fentimens comme fur leurs efprits, & garantir un certain nombre de cœurs du poifon de
la corruption invétérée par tant de malheurs &
de vices, comme j'ai fu garantir leur jugement
d'une foule d'erreurs funeftes.

Heureux, fi des mœurs épurées par mes leçons peuvent confolider les travaux de la fageffe.

Sans doute, la reftauration des mœurs ne fauroit être l'ouvrage d'un moment. Les vices peuvent miner encore long-tems l'édifice de la raifon, alors même que la raifon s'eft par-tout éclairée.

Mais, fi je puis me flatter d'avoir échauffé quelques ames encore neuves d'un faint zèle pour la vertu & l'humanité, d'avoir détourné de quelques jeunes levres la coupe immenfe de la contagion univerfelle, je puis donc efpérer auffi que devenus peres, ces enfans de mon génie préferveront leurs enfans comme je les ai préfervés eux-mêmes.

Ainfi la génération prochaine pourra jouir complettement de mes bienfaits, du fruit des vertus de quelques bons peres, & des effets toujours lents du rétabliffement de l'ordre que la génération préfente devra à la raifon publique formée par mes écrits.

Il eft des hommes en France qui font dignes d'achever ce que j'ai fi heureufement commencé.

Il en eſt un ſur-tout (1). Fénélon ; il fut l'éleve de votre génie. Dupaty ; il fut mon ami, il fut auſſi le vôtre ; vous ſavez de qui je veux parler La génération qui va ſuivre le mettra à ſa place.

Il eſt déjà placé par tous les cœurs vertueux & ſenſibles entre vous & moi.

Cet homme, d'une vertu auſſi douce & preſque auſſi parfaite que la vôtre, peut ſeul par l'aſcendant de ſon génie & de ſes mœurs, par le charme magique de ſon ſtyle, rappeller, comme Orphée, ſes compatriotes dont le vice & l'impiété égarent la raiſon, aux douceurs de l'union & de la paix, fruits de la bienveillance ; ramener parmi eux le regne de la religion & des mœurs, ces premieres loix de la nature ſur leſquelles s'appuient toutes les loix.

Il me ſemble cependant que ſon nom, & quelques autres encore, manquent parmi tous les noms des légiſlateurs de la France.

---

(1) Faut-il encore nommer M. de Saint-Pierre, l'éloquent & vertueux auteur *des Etudes*, de Paul & Virginie, le digne ami du malheureux Rouſſeau. On trouvera dans cet ouvrage, page   le foible hommage d'un cœur ſenſible à cet écrivain célebre, & quelques réflexions ſur ſes écrits.

Du fond de ce féjour paifible, j'éleve fouvent avec plaifir mes regards vers la terre pour obfer- ver la conduite vertueufe de ceux qui y font du bien aux hommes que j'aime toujours, parce qu'ils furent mes freres. Je jouis de leurs vertus; je lis leurs livres; je me pénetre de leurs penfées; j'ai recueilli de tous les récits des François nouvelle- ment arrivés ici bas le plan exact de leur fénat légiflateur, dont je n'ai pas perdu de vue une feule démarche, & il me femble que je pourrois leur fournir quelques idées utiles qui ont échappé à la fageffe d'une affemblée que tant & de fi grands in- térêts occupent.

Permettez-moi donc de quitter un inftant ce divin féjour; notre monarque éternel nous laiffe remonter fur la terre toutes les fois que nous y fommes conduits par le defir d'être encore utiles aux hommes.

Je vais m'y rendre, quand ce ne feroit que pour engager mes anciens compatriotes à écouter la fain- te harmonie de la lyre de ce nouvel Orphée, dont les raviffans accords peuvent feuls amollir leurs cœurs, un peu endurcis partant de vices & de maux, par les noires impreffions de la vengeance.

Sa voix célefte pénétrant par degrés leurs ames

d'une douce fenfibilité, du charme de la bienfaifance, en bannira pour jamais le trouble qu'y a
excité la fermentation générale.

Je reviendrai auffi-tôt vous rendre compte de
ce que j'aurai vu & de mon fuccès.

En achevant ces mots l'ame fublime du chantre
éloquent d'Emile & de Sophie, laiffant toutes ces
ames bienheureufes dans l'attente de fon retour,
& s'entretenir avec une douce joie de notre félicité future, prit fon vol vers ces lieux.

Elle revêtit la figure connue d'un de nos jeunes
concitoyens, qui, fe préfentant derniérement à
l'affemblée nationale, y lut à peu-près ce qui fuit.

Fin du Dialogue.

J. J. ROUSSEAU

J. J. ROUSSEAU

A L'ASSEMBLÉE NATIONALE.

PREMIERE SÉANCE.

Il y combat le fyftéme de MM. l'abbé de SYEYES & BRISSOT DE WARVILLE fur le pouvoir conftituant.

MESSIEURS ET CHERS CONCITOYENS, ET VOUS NOS AUGUSTES REPRÉSENTANS,

C'eft une vérité qui a été démontrée par deux écrivains également celebres (1), que le pouvoir

(1) MM. Syeyes & Briffot de Warville.

Voyez qu'eft-ce que le tiers-état & le plan de conduite pour les députés du peuple françois aux Etats-généraux de 1789.

B

conftituant ne doit pas être confondu avec les pouvoirs conftitués , que le premier réfide effentiel-lement dans le peuple qui ne peut l'aliener ; que ce principe , tiré de la nature du contrat focial , eft la bafe de *l'ordre naturel & effentiel des fociétés poli-tiques* , puifque c'eft l'exercice habituel du pouvoir conftituant qui peut feul garantir le peuple des atteintes du defpotifme & de l'ariftocratie.

Mais de cette vérité inconteftable que , pour que le peuple foit libre , tout pouvoir doit éma-ner de lui , ils en ont conclu qu'une nation ne pouvoit conférer le *foin de former l'établiffement public* (1) ou la conftitution , comme fi le partage des pouvoirs étoit plus facile à faire que les pou-voirs à exercer, ou que le foin de partager les pouvoirs fût moins fufceptible d'être confié à des repréfentans ; comme fi l'acte , par lequel le peu-ple confie & limite le droit de le repréfenter pour toutes ces fonctions de la fouveraineté , prouvant toujours qu'il eft la fource de tous les pouvoirs, n'étoit pas le feul exercice convenable de fa liberté , le feul ufage que puiffe faire un peuple nombreux de fon pouvoir conftituant.

Ils font partis de ce principe faux pour foute-

____

(1) Voyez le fens que M. de Syeyes donne à cette locution dans fon *Préliminaire de la conftitution* , page 15.

nîr qu'il étoit abfolument néceffaire qu'une nation drefsât ou fît dreffer dans une affemblée expreffe, bornée à ce feul objet, le plan de fa conftitution.

Que le peuple françois n'avoit pas pu abandonner à fes repréfentans le droit de lui donner une conftitution définitive ; qu'elle ne pouvoit être que provifoire ; qu'elle devoit néceffairement être examinée & ratifiée par une affemblée nouvelle ; & enfin, acceptée à une grande majorité par le peuple convoqué en affemblées provinciales.

M. Mounier, dans fes excellentes *Confidérations fur les Gouvernemens* (1), a déjà combattu avec avantage cette doctrine erronée & dangereufe, qui, comme on le démontrera aifément tout-à-l'heure, n'eft fondée comme prefque tous les fyf-têmes qui ont enfanglanté la terre, que fur un abus de mots & fur des *entités* métaphyfiques dont les fuites feroient terribles.

Je crois qu'il eft important d'ajouter quelques réflexions aux fiennes pour la réfuter complette-ment, pour écarter entiérement des idées pernicieu-fes dont les funeftes conféquences ont échappé au patriotifme de leurs auteurs.

____

(1) V. Confidérations fur les gouvernemens, & principalement fur celui qui convient à la France, par M. Mounier.

Il réfultera, je crois, avec la derniere évidence des réflexions de M. Mounier & des miennes :

1°. Que nous ne nous fommes pas écartés un inftant des principes, & que nous n'avons ni aliéné, ni même confié notre pouvoir conftituant.

2°. Que, quand bien même, contre toute vérité politique, la rigueur des principes reclameroit pour la conftitution une convocation nouvelle qui nous plongeroit dans l'anarchie, la néceffité qui n'a point de loi les feroit fléchir ; que le falut du peuple étant la loi fuprême (1), la fin à laquelle tout doit fe rapporter ; il feroit

---

(1) » L'union fociale a *fes fins* ; il faut donc prendre » les *moyens poffibles* d'y arriver «.

C'eft à l'aide de cet argument irréfiftible que M. *de Syeyes* prouve *qu'il faut fe contenter de la pluralité pour avoir l'expreffion de la volonté générale*, tandis que la raifon & les *principes réclament* l'unanimité.

Voyez Préliminaire de la Conftitution, pages 14 & 15.

M. de Syeyes prouve donc par-là, pour tous les cas poffibles, qu'il ne faut jamais facrifier *la fin* aux *moyens*, mais fe contenter de ceux qui feuls peuvent affurer le falut du peuple ; la fin à laquelle toutes les autres viennent aboutir.

Au refte, voyez encore fur ce principe , avec lequel on peut mener loin les fpéculateurs & les théoriciens un excellent morceau de fes *vues fur les moyens d'exé-*

affreux, il feroit odieux de le rifquer pour la perfection d'un fyllogifme.

3°. Et enfin, que le fyftême par lequel on veut établir, d'après l'exemple des Américains, la néceffité de la féparation du pouvoir de dref-fer la conftitution d'avec le pouvoir légiflateur eft abfolument inapplicable à la France.

Sur quels fondemens les auteurs de ce fyftême s'appuyent-ils? c'eft fur la néceffité de ne point confondre le *pouvoir conftituant*, qui réfide effentiellement dans le peuple avec les *pouvoirs conftitués* qui en émanent.

Mais *le pouvoir de dreffer le plan de la conftitution*, n'eft pas le pouvoir conftituant; c'eft auffi un *pouvoir conftitué*, dès qu'il émane du peuple comme les pouvoirs légiflateur, exécuteur & judiciaire.

C'eft le pouvoir de *former l'établiffement public* (1), très-compatible avec celui de faire des loix; puifque les décrets qui fixent l'*établif-*

---

cution, où il examine le prétendu danger de la perte du tems dans les grandes affemblées.

Voyez de plus la note (1) page 125 de *l'autorité de Montefquieu dans la révolution préfente.*

(1) L'enfemble des *moyens publics* qui peuvent rem-plir les *fins* de *l'union fociale*, eft ce que M. de Syeyes appelle l'*établiffement public.*

fement public, qui partagent les fonctions de le fouveraineté entre les différens pouvoirs, qui *embraffen à la fois leur formation & leur organifationt intérieure, leur correfpondance néceffaire & leur indépendance réciproque, qui font relatifs à l'enfemble & à la féparation de ces pouvoirs* (1), ne font autre chofe que des *loix*, ne font réellement que les premieres de toutes (2).

---

(1) Expreffions de M. Syeyes. Voyez le préliminaire de la conftitution, p. 12 , définition du mot *conftitution*.

(2) Voyez la définition du mot *loi* dans le Contrat focial.

Les anciens ont-ils jamais regardé autrement que comme de fimples *loix* les décrets qui forment *l'établiffement public* ? Ont-ils diftingué ce que nous appellons *conftitution* ; c'eft-à-dire *les loix* qui déterminent les bafes, la fource & l'exécution *des loix* d'avec les loix mêmes.

Quand les Spartiates confierent à *Lycurge*, les Athéniens à *Solon*, les Romains à *Romulus* & à *Numa*, les Locriens à *Zaleucus*, les Américains à *Penn*, le pouvoir de conftituer leurs *républiques* , leur ont-ils confié autre chofe que le pouvoir *indéfini* de leur donner *des loix* ? Ont-ils borné leurs travaux aux *loix* de l'organifation du corps politique ? N'ont-ils pas fenti au contraire que , pour que la légiflation formât un enfemble , un tout parfait , il étoit bon que *toutes les loix* fuffent conçues dans la même tête qui en avoit affigné les principes & l'origine, qui avoit déjà fixé par des *loix fages* la maniere de les faire & de les faire exécuter ?

C'eſt enfin , ſi vous voulez abſolument diſtinguer ce pouvoir du pouvoir legiſlateur, le pouvoir *conſtitutionnaire* , qu'un peuple de vingt-
quatre millions d'hommes , la plupart incapables
de réfléchir , étrangers à toute idée politique ,
ne pouvant pas l'exercer par lui - même , peut ,

ROUSSEAU a-t-il attaché une autre idée au pouvoir
légiſlateur ? Les principes de ſon *Contrat ſocial* qui ſont
ceux de la raiſon & de la nature , ne ſont-ils pas qu'il
n'y a de fondamental dans la ſociété que le pacte par
lequel une aggrégation d'hommes , plus ou moins nombreuſe , ſe conſtitue en corps de peuple , & conſent à
vivre unie ſous l'appui des mêmes loix ; que c'eſt à cette
aſſociation que ſe borne ſon *pouvoir conſtituant* (A) ,
que toutes autres conventions ne ſont que des conſéquen-
ces de cette convention primordiale , & toutes également du reſſort du pouvoir légiſlateur.

Les Américains eux-mêmes dont on nous cite ſans

(A) Ce n'eſt pas cependant à cette aſſociation que ſe
borne ; chez un peuple un peu nombreux , *ſon pouvoir
conſtituant* , ſi on donne à ce mot un autre ſens que
Rouſſeau ; & ſi , comme les deux écrivains qu'il attaque ,
on entend par là *l'exercice de la ſouveraineté pour l'organiſation du corps politique*. Créez *une aſſemblée* re-
préſentative *ſeule* dépoſitaire de la *ſouveraineté* ; voilà ,
ſelon moi , à quoi doit ſe borner l'exercice de celle du
peuple , ou ce que MM. S. & B. de W appellent im-
proprement ſon *pouvoir conſtituant.*

fans contredit ; faire exercer par des repréfentans.
Comme le pouvoir légiſlateur.

---

ceſſe l'exemple , ont-ils fuivi d'autres principes ? Leurs conſtitututions (A) ne font-elles pas remplies de *loix* particulieres , & pour ainſi dire *fubalternes* , qui s'y trou-veut confondues avec les *loix fuprémes* & principales qui fondent *l'établiſſement public* ? Ne tiennent-ils pas ces deux eſpeces de loix des mémes mains.

Leurs dernieres aſſemblées ou *conventions* , ſi l'on veut , n'ont-elles pas réuni le pouvoit légiſlateur avec celui qu'il plaît à quelques écrivains d'en féparer & d'appeller *pouvoir conſtituant.*

(A) Voyez les articles 1 , 2 , 3 du ch. 5 de la conſti-tution de Maſſachuſſett-Bay ; l'art. 6 du ch. 6, les art. 35 & 41 de celle de New-Yorck ; 16 , 17 , 21 , 22 de celle de New-Jerfey ; le préambule de celle de Penſyl-vanie , & les art. 28 , 29 , 33 , 34 , 39 , &c., &c., &c.

En lifant les déclarations & les conſtitutions améri-caines , on voit que les Américains , contre l'opinion re-çue , fe font autant appuyés fur leurs chartes & fur leurs loix particulieres que fur les principes. Ces déclarations , comme on peut le voir par les articles cités & par une infinité d'autres , tels que les art. 3 , 33 , 34 , 36 , 37 de la déclaration des droits du Maryland , l'art. 25 de celle de la Caroline feptentrionale , &c. font autant les déclarations des droits conventionnels des habitans de telle ou telle province , que celles des droits généraux de l'homme & du citoyen, & cela ne pouvoit gueres être autrement vu leur conſtitution fédérative.

En effet, pourquoi un peuple remet-il l'exercice de ce dernier pouvoir à des repréfentans ?
finon parce qu'il eft trop nombreux pour s'affembler, trop peu éclairé pour ofer entreprendre de
fe donner des loix ? Sera-t-il plus éclairé, pourra-t-il davantage s'affembler pour fe•donner une
conftitution plus importante encore à fon bonheur que des loix, puifqu'elle en eft la bafe ?
Non, fans doute, il peut & doit donc encore
pour cet objet, fe faire repréfenter. Il peut confier à des repréfentans le pouvoir, non pas de

---

La feule différence de la forme qu'ils ont adoptée avec
celle que nous pouvons fuivre, eft dans la ratification
qu'ils fe font réfervée ; ratification qui n'eft pas dans les
principes d'une bonne repréfentation , puifqu'elle favorife
les *veto* fans nombre de tous les intérêts particuliers ;
ratification qui peut cependant ne pas entraîner de grands
inconvéniens dans une république libre, paifible, éclairée
& d'une population médiocre qui n'eft qu'une affociation
de plufieurs petites républiques féparées par la nature ,
& réunies par un intérêt commun actuellement très-léger ;
mais qui, chez un peuple immenfe, que fa fituation, fes
relations intérieures & extérieures, fes habitudes, que
la néceffité enfin éloigne pour jamais d'une conftitution
fédérative, chez un peuple à peine affranchi & encore
efclave par fon ignorance, fes vices & fa mifere, expo-
feroit l'état à l'immobile *veto* des Sarmates , ou à la plus
tumultueufe anarchie.

le conftituer, puifqu'il l'eft par fa réunion en corps de peuple ; mais de conftituer le régime fous lequel il veut vivre, de former, comme le dit M. de Syeyes, *l'établiffement public.* Or, encore une fois, ce n'eft pas-là le pouvoir conftituant, puifqu'il doit être conftitué par le peuple. C'eft, fi vous voulez l'appeller ainfi , le pouvoir conftitutionnaire.

Le peuple n'aliéne donc pas fon pouvoir conftituant ; il ne s'en deffaifit pas un feul moment en remettant l'exercice de ce pouvoir conftitutionnaire à des repréfentans ; puifque c'eft le pouvoir qui confie, qui, dans votre fyftême, doit être le pouvoir conftituant, puifque c'eft à le faire valablement repréfenter pour l'exercice de tous les autres pouvoirs, que doit s'en borner l'exercice.

Qu'il choififfe bien fes repréfentans ; qu'il leur donne des inftructions fages ; qu'il infpecte leurs travaux, & exerce fur eux fa cenfure ; qu'il fixe à leur pouvoir la durée qui lui paroîtra convenable. Qu'à l'expiration de ces pouvoirs, il puiffe les rappeller dans fon fein & les remplacer ; & ils ne pourront attenter à fes droits ; & il aura pris toutes les précautions néceffaires pour conferver fa liberté & fon *pouvoir conftituant* , c'eft-à-dire , fa fouveraineté.

Autrement , & fi , par une jaloufie extrême ,
ou par des craintes déplacées, le peuple, & fur-
tout un peuple de vingt-quatre millions d'hommes, dont un grand nombre eft ignorant, corrompu ou groffier , fe réferve le droit de révifion fur les opérations de fes repréfentans, foit
par lui-même, foit par des affemblées particlles;
ou s'il les aftreint à fuivre littéralement des mandats , il retombe dans les inconvéniens de l'ignorance, du tumulte , de la corruption caufés par
fa population, qui le contraint de fe faire repréfenter ; il donne à quelques affemblées un
veto funefte ; il expofe la conftitution & les loix
au mépris ; il s'expofe aux machinations de l'in-
trigue , à toutes les horreurs de l'anarchie.

Maintenant, pourquoi ce pouvoir de former
l'établiffement public , qui, comme on vient de
le démontrer, n'eft pas le *pouvoir conftituant*
que le peuple n'aliéne jamais (1) ; mais fi l'on

---

(1) Il n'aliene pas même l'exercice de fa fouveraineté. Il le confie, & toujours à fon avantage, pourvu
qu'il concentre la repréfentation de fa fouveraineté dans
une feule affemblée *toujours exiftante* (A), *fouvent re-
nouvellée , légalement élue , fréquemment affemblée ,
agiffant librement d'après des inftructions , & furveillée
feulement par l'opinion publique.*

(A) Expreffions tirées de la *Déclaration des droits ,*
rédigée en majeure partie par le Comte de Mirabeau.

veut l'appeller ainfi, le *pouvoir conftitutionnaire ;* pourquoi ce pouvoir ne pourroit-il pas être confié avec le pouvoir légiflateur aux mêmes mains.

Qu'eft-ce que ces fonctions ont d'incompatible ; ne s'appuyent-elle pas fur les mêmes lumieres, fur les mêmes vertus.

Dira-t-on que leur réunion dans les mêmes mains peut être dangereufe ; que le pouvoir légiflateur fe trouvant dépofitaire du *pouvoir conftitutionnaire,* & maître par conféquent de fixer les bornes de fon propre pouvoir, pourra être tenté de les étendre aux dépens de l'intérêt général.

Mais cette crainte n'eft-elle pas chimérique, & les limites des pouvoirs ne font-elles pas marquées par la nature.

Comment pourroit-on étendre le pouvoir de faire des loix. Le pouvoir légiflateur n'eft-il pas effentiellement borné par fa dénomination même ? Comment voudroit-il empiéter fur le pouvoir exécuteur (1), par exemple, fans exciter les réclamations de ce dernier, fans bleffer la raifon commune ; le pouvoir exécuteur ne pourra-t-il pas alors en appeller au peuple ?

____

(1) Songeons que nous parlons d'un *état déjà vieux* & dans un tems où la *divifion des pouvoirs,* paffée en principe, eft déjà exiftante en Amérique, en Suede, en Angleterre, & même chez nous.

D'ailleurs, il y a des inconvéniens par-tout ; c'eſt le ſort de l'humanité, & la repréſentation des pouvoirs en a, comme toutes les autres inſtitutions humaines, qui ſeront toujours inévitables.

On craint, dit-on, que les repréſentans d'un peuple, réuniſſant dans leurs mains deux pouvoirs, ne ſoient tentés d'en ſacrifier un à celui qu'ils peuvent eſpérer d'exercer plus ſouvent & plus long-temps (1).

Il eſt peut-être dans le cœur humain, que deux pouvoirs toujours ſubſiſtans, toujours oppoſés comme les pouvoirs légiſlateur & exécuteur, cherchent à empiéter l'un ſur l'autre.

Mais il n'eſt pas préſumable, il n'eſt pas même poſſible que la majorité des membres d'une aſſemblée nombreuſe, dépoſitaire de ſeux pouvoirs abſolument ſemblables, s'accorde conſtamment pendant une ou deux années à ſacrifier un de ces deux pouvoirs à l'autre, parce que quelques-uns des membres de cette aſſemblée, peut-être, pour-

______

(1) **A** moins qu'on ne ſuppoſe qu'un légiſlateur vertueux, ou une aſſemblée librement choiſie par une nation entiere, ne veuillent uſurper la ſouveraineté, ce qui répugne au bon ſens, & eſt toujours impraticable, comme le prouve l'hiſtoire ; car les *Decemvirs* étoient un *Sanhedrin* vicieux, illégalement & mal formé.

ront defirer (1) & efpérer d'exercer une feconde
fois le dernier.

---

(1) Croit-on de bonne foi que beaucoup de perfonnes
brigueront une feconde fois l'honorable fonction de repréfentans de la nation , après l'avoir déjà remplie. Combien fe repentent peut-être déjà de l'avoir follicitée. Combien d'entr'eux, le defir de revoir leur famille , de va-
quer à leurs affaires perfonnelles n'éloignera-t-il pas d'une
fonction auffi pénible qu'honorable. Combien en feront
écartés par le défaut de fortune. Eft-il donc dans le
cœur humain de s'affectionner fi fort à un pouvoir auquel on ne tient, pour ainfi dire , que par un fil , de
facrifier l'intérêt général , fa probité , fur-tout fa gloire ,
cet intérêt , le plus puiffant de tous , à un intérêt particulier
qui fera bientôt celui d'autrui.

A entendre les écrivains on feroit porté à croire que
l'efprit de fuite , qui eft fi rare , eft l'efprit général.

Eh bon dieu ! loin de craindre que nos repréfentans
ne fe fervent du pouvoir *conftitutionnaire* pour *former* ,
en faveur du pouvoir légiflateur , un *plan de haute tra-
hifon* contre la nation & contre les autres pouvoirs (A) ;
craignons bien plutôt que , laffés de toutes les contra-
dictions qu'ils éprouvent , ils ne fe rebutent & ne foient
tentés de laiffer l'ouvrage à moitié fait.

Songeons que les *Américains* , dont on nous exalte
fi fort le patriotifme , font obligés d'employer les in-

(A) Ce n'eft pas *le pouvoir légiflateur* que l'*affemblée
nationale* vient de favorifer par fes décifions fur l'unité de
chambre & le *veto* ; c'eft la licence de la multitude.

D'ailleurs, il ne peut y avoir qu'un moyen de parer aux inconvéniens *inévitables* de la *repré-sentation* ; c'est de bien choisir fes repréfentans & de les renouveller fouvent (1).

---

jonctions & les menaces pour forcer les états d'envoyer aux affemblées des repréfentans (A).

La noble fonction de *délégué* d'une nation fera bien-tôt à l'abri des brigues & de l'avidité, fi on a foin de faire enforte qu'elle foit toujours de courte durée ; péni-ble & point lucrative.

Plus on obferve les hommes & plus on fe convainct de cette vérité, que très-peu d'entr'eux font le mal par principes (B), que les plus petits intérêts, les plus pe-tites paffions, un mouvement d'avarice, de colere ou de vanité les font varier d'un moment à l'autre, les mettent fans ceffe en contradiction avec eux-mêmes, & mettent en défaut la connoiffance du cœur humain & toute la favante théorie des philofophes.

(1) Ainfi, l'on voit que le remede contre l'ambition des repréfentans eft dans la main du peuple ; & quand l'arène eft libre, & que l'opinion publique peut être en un inftant éclairée, il eft infaillible. Auffi aucuns des *légiflateurs* anciens & modernes n'ont-ils eu même la tentation d'ufurper la fouveraineté.

(A) Voyez l'article 2 de la fection 3 de la conftitution de Maffachuffette, &c. &c.

(B) Une des raifons de la facilité que trouverent les *Decemvirs* à s'arroger pour quelque tems le pouvoir fouverain ; ce fut leur petit nombre.

Tout autre moyen eſt impraticable, & entraîneroit des dangers plus réels & bien plus grands
que ceux auxquels il pourroit parer?

Si le pouvoir *conſtitutionnaire* a ſacrifié les
droits des autres pouvoirs au *pouvoir légiſlateur*,
les autres pouvoirs ont contre lui la reſſource qu'ils
ont entr'eux l'un contre l'autre, quand la conſtitution eſt établie. La liberté de la preſſe, l'opinion publique, l'appel au peuple, qui nomme
alors une nouvelle aſſemblée, à la quelle il donne
des inſtructions en conſéquence.

Croit-on que le peuple s'endormiroit aux uſurpations du pouvoir qu'il auroit créé. Non, non,
dès que le peuple eſt une fois libre & éclairé,
les loix ſont bientôt mépriſées, quand l'opinion
publique d'où ce *pouvoir* tire toute ſa force, le
condamne. Il n'eſt pas beſoin de convoquer le
peuple pour empêcher qu'elles ſoient exécutées.

D'ailleurs, des craintes auſſi peu fondées ne
peuvent être une raiſon de livrer la *France* aux
dangers affreux du déſordre & de la confuſion
réelle, qu'occaſionneroient une double convocation, & les élections néceſſaires pour former deux
aſſemblées, entre leſquelles on partageroit des travaux qu'une ſeule peut remplir avec plus d'ordre,
de liberté & de tranquillité, ſur-tout lorſque
notre peuple déjà vieux, au milieu du renverſe-
ment

ment de tous les pouvoirs & de toutes les tyrannies, eſt ſans ceſſe menacé de l'anarchie la plus cruelle.

C'eſt alors que le remede ſeroit néceſſairement pire que le mal, ou plutôt, par cela même, qu'il entraîneroit le plus grand de tous les maux dont une nation puiſſe être affligée, il ne ſeroit plus un remede.

Je crois avoir démontré par des raiſons ſans réplique, la foibleſſe & le danger du ſyſtême de diviſer entre deux aſſemblées un pouvoir dont les deux branches ſe touchent de ſi près, qu'elles ne peuvent être ſans danger déſunies, & de ſoumettre les opérations de la premiere de ces deux branches ſeulement (1), au contrôle des aſſemblées ſubalternes.

En voici encore quelques-unes qui nous tou-

---

(1) Voyez ci-après la page

(2) Le plus terrible de tous les inconvéniens en légiſlation, celui qu'il faut éviter à tout prix, ce ſont les *veto* qui, laiſſant toute l'activité à la *minorité* des intérêts particuliers, paralyſant la majorité lorſqu'elle conſulte l'intérêt commun, mettent *la volonté d'un corps ou d'un individu* de niveau avec *la volonté générale*, & bientôt la lui ſubſtituent. Ne gênez donc point vos repréſentans par le *veto* des aſſemblées ſubalternes. Gardez-vous donc d'une conſtitution fédérative.

chent de plus près ; je les ai déjà indiquées ; elles ont befoin de devéloppement.

En premier lieu, peut-on penfer que des hommes en qui la nation a placé toute fa confiance, de qui feuls en ce moment, elle peut efpérer fon falut, choififfent pour la trahir, l'inftant où réuniffant tous les pouvoirs dans leurs mains, ils jouiffent pour ainfi dire de la toute-puiffance, l'inftant où les regards de l'univers entier, font fixés fur leur conduite, où les nations voifines attendent en filence qu'ils fe montrent dignes de leur eftime, ou qu'ils s'expofent à leurs mépris ? Peut-on fuppofer qu'ils puiffent tromper un peuple généreux qui leur a déjà voué un amour & un refpect inviolables, lorfqu'en établiffant fa félicité fur des bafes folides, ils peuvent mériter le titre fi glorieux de pere de la patrie, & couvrir leurs noms d'une gloire immortelle (1) ?

D'ailleurs, ce n'eft pas dans un moment où le pouvoir légiflateur employe toutes fes forces contre l'hydre hideufe du defpotifme judiciaire, miniftériel & ariftocratique, dont il veut abattre jufqu'à la derniere tête, qu'il peut fe former des intérêts oppofés à l'intérêt général. Le moment

____

(1) Songez d'ailleurs qu'ils font 1200.

où un corps ne jouit pas encore de la plénitude de fes droits & travaille à les affurer, n'eft pas celui où il cherche à les étendre , où il peut penfer à en abufer contre le peuple auquel il les doit.

D'un autre côté, il eft certain que l'*Affemblée nationale* a reçu de fait dans fes pouvoirs, le droit indéfini de nous donner des loix , en y comprenant celles qui doivent former la conftitution ou l'*établiffement public*.

De quel droit oferoit-on lui contefter ceux qu'elle tient de la nation ? de quel droit voudroit-on mettre des bornes à la confiance.

N'y a-t-elle pas mifes les feules qu'exigeoit la prudence, celles qui, dans chaque cahier, fixent la durée des pouvoirs ?

Oublie-t-elle fes droits lorfqu'elle n'en confie que pour un certain temps l'exercice.

Lorfqu'elle étoit en proie à tous les maux de la difcorde caufés par le choc de tous les intérêts particuliers, au milieu du délabrement d'une adminiftration viciée ; a-t-elle *pû* , a-t-elle *dû* ordonner autre chofe à fes repréfentans, que d'y apporter de prompts & fûrs remedes? en appellant des médecins, a-t-elle dû leur interdire l'ufage de quelque moyen d'où dépendît fa parfaite guérifon?

A-t-elle pu dire à ſes repréſentans?

Vous poſerez les limites de chacun des pouvoirs, qui doivent former l'*établiſſement public.* Vous aſſignerez à chacun d'eux ſes fonctions : vous aſſurerez leur *correſpondance néceſſaire,* leur *indépendance réciproque* (1) ; mais vous ne me donnerez point de loix. Vous me laiſſerez en proie à tous les maux d'une légiſlation auſſi biſarre qu'atroce ; quand à l'abri de cette légiſlation, le fort écraſe le foible : vous la laiſſerez ſubſiſter (2),

––––––––––––––––––––

(1) Voyez M. de Syeyes, *Préliminaire de la conſtitution,* page 14.

(2) J'ai déjà dit que les congrès américains, élus pour donner à leurs états des conſtitutions avoient en même-tems exercé le pouvoir légiſlateur.

En effet, voyez leurs déclarations & leurs conſtitutions, vous y remarquerez ſur-tout la conſécration de la procédure par jurés. Or, une forme de procédure eſt bien une loi, qui, ſelon les écrivains que je combats, doit émaner du pouvoir légiſlateur qu'ils diſtinguent du pouvoir par eux appellé conſtituant.

Vous y verrez auſſi qu'ils ont confirmé les loix alors en vigueur juſqu'à nouvel ordre, en tant qu'elle ne ſeroient pas contraires aux conſtitutions. Or, confirmer certaines loix, en écarter d'autres, c'eſt, ou je me trompe fort, exercer le pouvoir légiſlateur.

2°. Les congrès conſtitutionnaires des Etats-Unis ont pu confirmer ſans danger des loix ſous leſquelles ils vi-

quand les nombreux fuppôts de la fifcalité ou de l'ariftocratie peuvent trouver dans ces loix odieu- fes, des armes pour me perdre & détruire votre ouvrage ; vous les laifferez fubfifter, vous poferez les fondemens de l'édifice, & quand l'ennemi n'attend que l'interruption de vos travaux ou votre retraite pour y porter le fer & la flamme ; vous vous difperferez, & ne me laifferez que l'embarras d'appeller de nouveaux architectes.

Non, non, une telle conduite eût entraîné trop de dangers ; la nation a dû confier indiftinctement, & a effectivement confié à fes repréfentans, tous les pouvoirs néceffaires pour la tirer du cahos du

---

voient heureux depuis plus d'un fiecle (A), & notre *af femblée nationale* doit au contraire fur le champ nettoyer l'aire d'une foule de loix, de coutumes barbares fur lef- quelles s'appuyoient depuis douze ou quinze fiecles les vingt fceptres de fer de l'ariftocratie. Les laiffer fubfifter un feul moment après ce qu'on appelle la conftitution, ce feroit vouloir laiffer miner les fondemens de l'édifice.

N'oublions pas que tout-à-l'heure encore on appelloit l'inamovibilité, la vénalité, *les rançonnemens, féodaux des loix conftitutionelles* ; ce qui, pour le dire en paffant, prouve que l'on regarde généralement la conftitution & es loix comme la même chofe.

(A) Il y a à peu près ce tems que Locke a donné des loix à la Caroline.

despotisme des hommes & des mauvaises loix, &
la garantir pour jamais par une bonne constitution,
ensemble, & par des loix sages, de tous les maux
de l'anarchie. Il faut qu'ils achevent ce qu'ils ont si
bien commencé. Vouloir à présent arrêter leurs
travaux, jetter quelque pierre sur leur chemin,
vouloir subordonner leurs décrets au jugement de
quelqu'assemblée que ce soit, ce seroit être un
ennemi public.

Oui, je dénoncerois comme criminel de lèse-
nation, quiconque, en ce moment, soutiendroit
encore que *l'Assemblée nationale* n'est pas revêtue
du pouvoir suprême ; que ses décrets ne sont point
définitifs & irréfragables ; que l'on peut encore
revenir sur ce qu'elle aura décidé. Je le dénoncerois comme un satellite de l'aristocratie, qui voudroit affoiblir la puissance publique par des contra-
dictions éternelles, par le *veto* des intérêts particuliers ; qui, voyant qu'on peut ruiner la France,
avec l'air de défendre les droits du peuple, contre
ses représentans, demanderoit la convocation d'une
assemblée nouvelle & imitant l'infernale hypocrisie
des *parlemens* & des *états-provinciaux* ; qui
égorgeoient le peuple en criant au despotisme ;
se serviroit de la vérité ou du phantôme qu'il
présenteroit à sa place, pour effrayer les esprits
foibles, profiteroit du trouble des intrigues & de

l'embaras des élections pour nous replonger dans l'anarchie, cette caverne hideuſe à la porte de laquelle le deſpotiſme veille la gueule béante toujours prêt à dévorer ſes victimes (1).

A quoi bon en effet une aſſemblée nouvelle, une ratification en forme des nouvelles loix ? quand la joiə du peuple éclate de toute part, quand tous les abus ſont réformés, quand de tous les coins du royaume on s'empreſſe de venir féliciter l'Aſſemblée nationale.

D'ailleurs, ne ſeroit-ce pas avilir les loix & les légiſlateurs, que de les ſoumettre à des diſcuſſions dont on ne ſauroit aſſigner la fin ?

Ne ſeroit-ce pas attenter aux droits ſacrés des *repréſentans* de la nation qu'elle a rendus dépoſitaire de ſon pouvoir ſouverain, que de ſoumettre

---

(1) En dénonçant comme *ennemi public* quiconque ſoutiendroit encore un pareil ſyſtéme, je ne puis bleſſer *deux écrivains* dont la probité égale le génie ; écrivains que je reſpecte comme *mes maîtres* en les combattant, & qui ſont incapables de ſoutenir par orgueil, ou par quelqu'autre motif ſuſpect, un ſyſtème dont je crois leur avoir démontré au moins le danger. Ainſi, je ne m'adreſſe qu'aux hypocrites dans la main deſquels la vérité même eſt un couteau à deux tranchans, avec lequel ils vous font une plaie horrible, quand vous n'avez conſenti qu'à une amputation ſalutaire.

ſes auguſtes décrets au jugement des aſſemblées ſubalternes ? les ſubordonner à l'examen d'un bailliage ou d'une aſſemblée provinciale ; ne ſeroit-ce pas mettre ce bailliage, cette aſſemblée, au-deſſus de la nation ?

La puiſſance publique ne doit-elle pas être une, & décidée ? ſubordonner les décrets de la *volonté générale repréſentée, à des volontés particulieres qui ſeroient auſſi repréſentées* ; ne ſeroit-ce pas mettre ces volontés particulieres au-deſſus de la volonté générale.

Pourquoi, dès que l'on ſoumettroit à l'examen des aſſemblées ſubalternes la conſtitution, ne lui ſoumettroit-on pas auſſi toutes les loix. Car enfin, dans un pays où le peuple eſt libre, une bonne conſtitution ne le ſauvera pas des vices des loix, & de bonnes loix avec des mœurs rendront les vices de la conſtitution preſque nuls. Delà les enregiſtremens dans les aſſemblées ſubalternes, la foibleſſe du pouvoir ſouverain, & les maux terribles qui viennent à la ſuite.

VRAIS principes de la repréſentation d'une Nation.

Souvenez-vous donc que dès-qu'une nation ſe fait repréſenter, ceux qui la repréſentent deviennent *la nation même*, à la volonté de laquelle aucune volonté n'a le droit de s'oppofer ; que par conféquent, nulle volonté ne doit s'oppofer à la leur , tant que leurs pouvoirs dureront.

Souvenez-vous qu'il n'y a pas de *repréfentation réelle*, fi les répréfentans font liés par des mandats (1), fi leurs opérations font foumifes à une révifion, *fi leurs décrets ne font point obligatoires & irréfragables , dès qu'ils font publiés ;* s'ils peuvent être contrariés, altérés, par quelques volontés particulieres.

---

(1) A moins que ces mandats ne foient unanimes ; encore ne doivent-ils pas même dans ce cas , être regardés comme des ordres auxquels les *repréfentans* font obligés de fe conformer littéralement ; car la premiere origine du pouvoir confié aux repréfentans eft l'ignorance des repréfentés. Le peuple confie fes droits à des repréfentans, comme un particulier confie fa caufe à un avocat honnête homme , éloquent & inftruit qui la plaidera mieux que lui-même. Voilà pourquoi, quoi qu'en dife *Rouffeau ,* la *repréfentation* eft une invention fublime qui peut rendre les peuples modernes plus vraiment libres que ne le furent jamais ceux de l'antiquité, parce qu'une affemblée peu nombreufe d'honnêtes gens , fages & éclairés, ne confondra jamais, comme une multitude ignorante & infenfée, dont la corruption eft plus facile & plus dangereufe que celle de la majorité d'une affemblée de repréfentans, la liberté avec la licence.

Souvenez-vous qu'un peuple qui fe fait repréfenter , a tout fait pour fa liberté, quand il a bien
choifi fes répréfentans , qu'il leur a donné des
inftructions fages , qu'il a limité la durée de
leurs pouvoirs , & que l'opinion publique les
furveille.

Souvenez-vous, enfin, que s'il veut éviter le *veto*
d'une foule d'intérêts particuliers , qui feront toujours les plus terribles ennemis du bien public ,
il doit , après toutes ces précautions , fe repofer
entierement fur la confcience & les lumieres de fes
repréfentans.

On nous cite l'exemple des Américains; mais
y a t'il entre eux & nous d'autres reffemblances
que celle des befoins communs à tous les hommes.

Ne voit-on pas qu'entre les deux peuples ,
mœurs , lumieres , gouvernement , fituation , population , religion , légiflation , éducation , tout differe & a toujours différé?

Les mœurs font encore pures & douces dans la

Mais fi les repréfentans font mal choifis ? c'eft qu'alors
le peuple fera corrompu ou féduit.

Et alors.... LE PIRE DE TOUS LES MAUX SEROIT
QU'IL VOULUT SE GOUVERNER LUI-MÊME ; D'OU
L'ON VOIT L'INFLUENCE DES MŒURS SUR LES
LUMIERES.

plus grande partie des anciennes Colonies An-
gloifes, où les hommes font tous cultivateurs, où
ils ne font point entaffés, où il n'y a ni fpectacles,
ni arts corrupteurs, ni prétentions littéraires &
fcientifiques, ni oifiveté qui amene la diffipation,
le luxe & la débauche : chez nous, au contraire,
les mœurs, fur-tout depuis Louis XIV & le Ré-
gent, femblent pour jamais exilées de cet empire
où la dépravation eft à fon comble.

La religion en Amérique a toujours été éclairée & refpectée, parce qu'elle y regne au milieu de
la fageffe & de la liberté; ici elle eft méprifée, parce
qu'elle ne regne gueres qu'avec la fuperftition &
l'intolérance.

Les Amériquains étoient habitués depuis long-
temps à un régime fain d'adminiftration, & aux
difcuffions politiques; ils avoient, pour ainfi dire,
fous la main tous les matériaux de leur liberté,
ou plutôt, long-temps avant de fe déclarer libres,
ils l'étoient par leur courage, leurs loix, leurs
lumieres & leurs habitudes; ils n'avoient plus
qu'à réunir leurs forces éparfes pour s'affranchir
de toute dépendance à l'égard de leur métro-
pole.

Et nous, toutes nos habitudes qui étoient autant de vices, toutes nos loix, ou plutôt tous
les caprices d'un gouvernement abfurde, dont

vingt defpotifmes rivaux fe difputoient perpétuellement les rênes ufées, nous laiffoient en
proie à tous les maux d'un long efclavage.

L'éducation de concert avec le gouvernement
& la légiflation, fi l'on peut appeller de ce nom
un affemblage incohérent de formes, de coutumes, de priviléges, enfans monftrueux de la
féodalité, pervertiffoient l'ufage des lumieres,
tournoient les talens vers des objets arides ou
frivoles, afferviffoient le plus grand nombre à
d'odieux préjugés, ou le tenoient enfeveli dans
l'ignorance, entretenoient dans ce vafte empire
une guerre inteftine & fourde entre tous fes habitans, les éloignoient les uns des autres, par
des caufes de divifion toujours fubfiftantes, au
lieu de les rapprocher par le patriotifme, en leur
offrant un but commun, & excluoient ainfi de
prefque toutes les ames l'amour & même le fentiment de la liberté.

Les Amériquains connoiffoient-ils cet horrible
monftre de la féodalité? craignoient-ils fans ceffe
d'être dévorés par l'hydre de l'ariftocratie aux
cent têtes empoifonnées?

Avoient-ils des nobles héréditaires, des miniftres, des prêtres auffi riches & intolérans
qu'avares & ambitieux, des parlemens, des in-
tendans, des capitaliftes, des fuppôts d'un fifc

avide ; des ordres religieux raſſemblant dans quelques couvens d'immenſes richeſſes , des militaires, des magiſtrats de police , des grands propriétaires, des juges de ſeigneurs , des prévôts, des manufacturiers, des états provinciaux , des chambres ſyndicales, des châteaux forts, des adminiſtrateurs d'hôpitaux , des ſanhédrins *bureaucratiques*, des ſociétés littéraires , des capitaineries, des princes du ſang , des ducs & pairs, des légiſtes, des corps auſſi tyranniques qu'ignorans, ſpécialement occupés d'aligner des mots (1) , & d'empoiſonner le peuple par une mauvaiſe éducation, ou de le retenir dans les liens de la ſuperſtition , des corporations, des ligues marchandes, des échevins, des officiers vénaux.

Avoient-il des conſeillers , des ſecrétaires, des avocats, des procureurs, des huiſſiers, des ſergens, des commis, des féodiſtes, des abbés, des gros fermiers, des artiſtes, des bandes de brigans, toutes perpétuellement en guerre les uns contre les autres, ſans ceſſe occupées à ſucer, chacune de leur côté, le plus pur ſang du peuple,

---

(1) Les académies défendront-elles encore long-temps le privilege excluſif de l'eſprit qu'elles s'arrogent ? Verra-t-on encore long-tems ſubſiſter ces petites *ariſtocraties* littéraires.

& ne s'accordant qu'en un feul point, à vivre & s'enrichir aux dépens de la claffe utile & innocente des cultivateurs, des artifans, des journaliers, à corrompre par leur exemple & leur tyrannie la génération naiffante, à opprimer leurs malheureux enfans.

Comment peut-on nous tracer la même marche qu'aux Amériquains , quand ils n'avoient à combattre qu'un feul ennemi ; quand marchant tous au même but avec un égal courage , & tous animés du même efprit, ils ne trouvoient d'obftacles que dans les efforts intermittens, & peu redoutables de leur ancienne patrie ; tandis que nous, au milieu d'un ordre apparent, nous avons toujours vécu dans les défordres d'une anarchie réelle ; tandis qu'à peine pouvons-nous à préfent reconnoître les élémens de l'ordre focial, fi long-temps confondus dans le plus affreux cahos ; tandis qu'en ce moment toutes les paffions, tous les intérêts s'entrechoquent d'un bout du royaume à l'autre ? Comment peut-on prefcrire à des efclaves qui portent encore les marques fanglantes des fers qu'ils viennent de fecouer, le même régime qu'à des hommes qui furent toujours éclairés & libres.

Hélas ! nous avons fecoué les fers de l'ariftocratie & du defpotifme.

Mais ne portons-nous donc pas toujours les fers cent fois plus pefans de nos vices, de nos préjugés, de l'ignorance & de la mifere.

Nos mœurs infâmes & féroces, nos paffions effrénées, notre impiété, notre vanité, notre avarice, notre efprit de domination & d'intolérance, toutes ces habitudes de l'égoïfme ne font-elles pas des principes peftilentiels de difcorde, de diffolution & de mort fociale.

Oui, nous couvons tous les germes deftructeurs dont l'irruption terrible a toujours entraîné la ruine des corps politiques.

Que d'étincelles cachées fous la cendre peuvent allumer l'incendie qu'on ne pourroit plus éteindre ?

Eloignons donc avec foin le feu de tant de matieres fi combuftibles.

L'anarchie nous menace. Nous renfermons dans notre fein une foule de fcélérats qui, pour tout bouleverfer, n'attendent qu'une occafion favorable.

Soyons donc toujours fur nos gardes, pour ne pas la leur préfenter.

Un grand pouvoir s'éleve fur les débris de tous les pouvoirs & peut nous fauver. Eft-ce le moment d'entourer fes dépofitaires de défiances & d'entraves ? Non, il faut nous rallier au-tour des peres de la patrie. L'affemblée nationale eft le centre duquel tous nos cœurs ne doivent pas un feul inftant s'écarter, fi nous voulons réprimer le pouvoir dangereux que fe difperfe la multitude.

Abandonnons entiérement le gouvernail aux pilotes, puifque, fans eux le vaiffeau peut être en un moment renverfé.

Tout ce que nous pouvons, tout ce que nous devons demander, c'eft que l'affemblée nationale, chargée de repréfenter un grand peuple, & de lui donner des loix, foit réellement compofée de l'élite des citoyens ; c'eft qu'elle appelle de tous côtés les hommes que le génie, joint à la vertu, rend dignes de fiéger parmi nos légiflateurs.

C'eft qu'elle raffemble dans fon fein tous ces êtres libres par leur probité & leurs lumieres, qui dirigent l'opinion, forment la raifon publique par leurs écrits.

Se retournant vers l'affemblée nationale :

C'eft par cette augufte réunion que vous pourrez vous flatter de former, non pas feulement une *affemblé nationale*, mais le majeftueux fénat des légiflateurs de l'univers. C'eft ainfi que votre volonté fera vraiement l'*expreffion de la volonté générale*, qui n'eft que *le vœu éclairé du bien de tous & de l'égalité*, parce qu'elle fera le

réfultat

*réfultat de toutes les volontés les plus droites,
les plus fages & les plus libres.*

Oui, vous devez vous hâter d'appeler auprès
de vous tous ces génies tutélaires, dont l'abfence
laifferoit toujours un vuide dans votre affemblée ;
vous ne pouvez négliger de mettre dans la balance une de ces volontés, toujours droites,
éclairées & libres, dont le réfultat eft vraiment
l'expreffion de la volonté de tous. Ainfi vous
remplirez tous vos devoirs, & vous comblerez
tous les vœux.

Ainfi en appellant tous ces hommes vertueux &
fages à partager vos travaux, à vous feconder dans
votre noble entreprife, en vous aidant de leurs vertus & de leurs lumieres, vous vous foulagerez d'une
partie du fardeau immenfe que vous êtes obligés
de porter, *& vous rendrez dès-à-préfent, fi on
le juge abfolument néceffaire, autant qu'il vous
eft poffible, de le faire fans danger, à ce peuple
qui eft la fource & le fouverain de tous les
pouvoirs, de toutes les loix, de tous les droits,
une portion de ce pouvoir fuprême qu'il a bien
voulu vous confier.* Ainfi vous vous affurerez
pour jamais fon refpect, fon amour, fa reconnoiffance, & en pofant les fondemens du bonheur
& de la liberté de votre patrie, vous poferez
peut-être ceux du bonheur & de la liberté du
monde entier.   D

J. J. ROUSSEAU
A L'ASSEMBLÉE NATIONALE.

SECONDE SÉANCE.

De la nécessité d'élire de nouveaux Députés.

PREMIERE PARTIE.

Qu'il faut éclairer le peuple en soulageant sa misere.

Un motif non moins puissant doit vous engager à réunir promptement auprès de vous tous les hommes qui joignent des vertus, à des talens & à des lumieres.

C'est la nécessité indispensable & pressante d'éclairer la multitude qui ne lit point, ou qui ne lit que des pages incendiaires & empestées. C'est celle de prémunir promptement contre la séduction de nos ennemis ce peuple infortuné dont on abuse si facilement. L'ignorance, dont l'esprit, encore neuf & mobile comme celui de l'enfance, reçoit avidement toutes les impressions qu'on veut lui donner.

L'ignorance du peuple & fa mifere , voilà les armes dont fe fervent maintenant contre vous les ariftocrates , & toute cette race ennemie, qui ne vit que des abus que vous réformez.

Les avez-vous vu tout-à-l'heure contrefaire les fceaux du monarque, fuppofer des édits , des arrêts; & armés de ces titres perfides , fabriqués par leur infernale audace, conduire le peuple au pillage?

Les voyez-vous chercher maintenant à allumer de tous côtés, la guerre des pauvres contre les riches, pour nous plonger dans toutes les horreurs de l'anarchie.

J'ai indiqué les moyens de réprimer promptement ces attentats (1): j'ai fait voir qu'il n'y en avoit d'autres que la prompte formation des municipalités (2) des milices nationales, que l'éta-

(1) Voyez les *quatre Cris d'un Patriote* & encore *quatre Cris* ou *Sermon d'un Patriote à prononcer par M. l'abbé F....* dans la chaire de quelques Diftricts.

Deux brochures qui fe vendent chez Volland, libraire, quai des Auguftins.

(2) Voyez dans les papiers publics les motions de MM. Duquefnoy, de Volney, &c. , &c. fur la néceffité d'organifer fur le champ toutes les affemblées fecondaires, paroiffiales, municipales, provinciales, pour affurer l'exécution des décrets de l'affemblée nationale.

bliffement d'un tribunal pour juger les coupables.

J'ai fait voir qu'aucun des tribunaux exiftans
ne pouvoit infpirer de confiance (1).

---

(1) Comment donc ofe-t-on , en ce moment, reffufci-
ter l'atroce jurifdiction des prévôts qui s'eft toujours
jouée de la vie du peuple.

Comment ne craint-on pas d'irriter fa fureur , quand il
faudroit tout faire pour la calmer.

Songeons que , dans un moment d'anarchie , au milieu
de la confufion de tous les pouvoirs & de leur foibleffe ,
il faut fe garder d'employer la violence & la contrainte
contre la multitude en qui toute la force réfide & qui le
fent.

Etoit - il donc fi difficile de concilier le foin de la
tranquillité publique avec l'humanité & la juftice.

Ne pouvoit-on former un tribunal fuprême auquel
auroient refforti toutes les accufations contre les criminels de leze-nation , & ordonné qu'il fût formé à l'inftant , fur les lieux ou les crimes auroient été commis , des
tribunaux inférieurs , des grands & des petits jurés (A)

(A) Tout le monde doit connoître quelles font en
Angleterre les fonctions des grands & des petits jurés ;
mais voici pour ceuxqui pourroient encore l'ignorer, l'idée
exacte de cette forme admirable de procéder telle qu'elle
eft préfentée dans la note 14 des *Conftitutions Améri-
caines.*

» L'*indictement* ou plainte eft le premier acte de la
» procédure criminelle.

(53)

D'ailleurs c'eſt moins aux maux apparens qu'il faut porter remede , qu'à leur ſource qu'il faut remonter pour la tarir.

Il faut donc éclairer promptement & ſoulager

---

qui n'auroient été compoſés que de domiciliés & de propriétaires , d'après une liſte dreſſée dans chaque endroit,

---

» Le bill d'*indictement* eſt remis à un grand juré ;
» c'eſt-à-dire , à un juré compoſé de quinze perſonnes
» au moins qui met au dos du bill , *ignoramus* , s'il ne
» trouve pas de fondement à l'accuſation , ou *billa vera*
» s'il la trouve ¡fondée. Mais pour répondre de cette
» maniere & autoriſer l'accuſation , il faut les voix réu
» nies de douze des membres du *grand juré* ; dans ce
» dernier cas la plainte eſt reçue , & l'accuſé eſt *indicté*.

» On procéde enſuite aux informations par un *petit*
» *juré* compoſé de douze perſonnes ſeulement.

» Lorſque l'examen de l'affaire eſt fini , & que l'ac
» cuſé a été entendu par lui & par ſes conſeils , le petit
» juré prononce *guilty* , il eſt coupable ; ou *not guilty* ,
» il n'eſt pas coupable. Mais la premiere prononciation
» ne peut avoir lieu que par le ſuffrage unanime de douze
» jurés.

» Le juge enſuite ouvre la loi & prononce la peine
» qu'elle preſcrit «.

Voyez Conſtitution des treize états unis de l'Amérique , in-4°. p. 47 , édition de 1783.

O admirable *procédure par jurés* qui ne recevras jamais aſſez d'hommages ! céleſte invention de l'humanité , de

le peuple , puifque l'ignorance & la mifere font
les fources de fes égaremens & de fes vices.

& dans laquelle le pouvoir municipal du lieu auroit choifi
un certain nombre de *Pairs* pour former les jurés.

Ces jurés auroient infoimé & mis les premiers juges
à portée de ftatuer.

N'étoit-ce pas le vrai moment de rendre à la nation
ce droit naturel de n'être jugé que par des juges impartiaux; c'eft-à-dire, par fes pairs (A).

A-t-on pu avec équité foumettre un feul homme petit

---

la raifon & de la juftice ! vrai *palladium* de la liberté
angloife, tu dois l'être de celle de toutes les nations !

Qui nous empêche d'adopter dès ce moment cette loi
fi fage , ces formes fi fimples & fi faciles à fuivre en tout
pays.

(A) Il faut cependant n'admettre dans les jurés que
des domiciliés & des propriétaires. L'exclufion des autres
membres de la fociété eft fondée fur ce principe d'où dépend fon falut , que pour pouvoir remplir des fonctions
dont l'exercice l'intéreffe , il faut faire preuve d'un intérêt
fuffifant qui nous y attache , & cet intérêt fuffifant ne
peut être qu'une propriété , ou au moins un domicile.

Les Anglois & les Américains n'admettent aux jurés
que les propriétaires des terres qu'ils appellent francs-
tenanciers : c'eft être trop féveres.

Cependant , il faut convenir que , dans l'ordre naturel
de la fociété , les propriétaires de terres méritent feuls
le titre de citoyen , font feuls véritablement attachés à
la cité.

Oh ! qu'il vous eft facile de foumettre tant de cœurs, puifqu'il ne s'agit pour cela que d'employer le pouvoir invincible de la raifon & du génie, l'irréfiftible attrait des bienfaits & de la reconnoiffance.

Ainfi dans la Judée le bon Jéfus fut fléchir les cœurs de fes miférables compatriotes. Ainfi fon ame divine, remplie d'un faint zele pour l'humanité & la vertu, fut rendre à des cœurs dégradés, de l'énergie, rappeler des ames endurcies

---

ou grand, riche ou pauvre, aux tribunaux ordinaires dont tout fait fufpecter la partialité (A) ?

Réparez donc promptement cette erreur du pouvoir exécuteur. Allez promptement, tandis qu'il en eft temps

---

Il eft des qualités particulieres que chaque fonction exige, & comme l'humanité & la douceur font les premieres que demande celle de juge, les Anglois, par une précaution digne d'eux, ont exclu des jurés les bouchers & les chirurgiens que leur profeffion accoutume à répandre le fang fans pitié.

Oh ! quand donc aurons-nous des loix auffi humaines !

(A) Il ne faut que connoître un peu notre légiflation, notre jurifprudence & nos annales criminelles pour abhorrer la jurifdiction des prevôts. Que d'atrocités prévôtales nous ont revélé les Servan, les Dupaty ! Que d'innocens affaffinés par les prevôts ! Il faut que leur ignorance & leur barbarie aient fait à la fociété des plaies bien cruelles

par le malheur, à la vertu & à la nature. Ainſi
ſon infatigable bienfaiſance, ſon inaltérable bonté,

---

encore, au ſecours du pauvre que des prevôts jugent ;
c'eſt-à-dire, que des bourreaux immolent. Donnez-leur
promptement des jurés ; cela vaudra beaucoup mieux
que d'employer les foibles & dangereuſes reſſources des
prohibitions, des proclamations, des menaces. Cela fera
plus juſte & plus humain que de reſſuſciter l'atroce juriſdiction des prevôts, que d'autoriſer les riches & les
propriétaires à fuſiller par centaines, comme des bêtes,
une multitude miſérable excitée par nos ennemis, & dont
le délire où ils l'ont plongée eſt moins digne de courroux & de châtiment que de pardon & de pitié. Hâtez-
vous, peut-être, hélas ! tandis que les vrais coupables
échappent, une foule de ces malheureux expire-t-elle en
cet inſtant ?

---

pour que notre légiſlation féroce, ait elle-même, comme
on peut le voir dans quelques-unes de nos ordonnances criminelles, cherché à reſtreindre de tout tems leur terrible
*juriſdiction. Voyez les mémoires de M. Dupaty, pour
Bradier, Simare & Lardoiſe.*

Et cependant on ſoumet en ce moment le peuple aux
prevôts, on augmente leurs pouvoirs.

Eſt-ce par ces décrets ſanguinaires qu'on nous prépare
des loix plus humaines ?

Les prevôts reſpecteront-ils davantage le ſang du peuple, à préſent que l'eſprit de vengeance ſe joint à leur
inhumanité ?

lui gagnoient ce peuple infortuné, écrasé sous l'oppreſſion de ſes prêtres, de ſes docteurs, de ſes chefs ariſtocrates, avili par tous les vices d'une longue ſervitude. Sa main habile mettoit le doigt

---

Non, non : ils immoleront ſans pitié les innocens & les petits coupables, & ne puniront pas le membre d'un parlement, ou tel autre ariſtocrate qui aura contribué plus qu'une multitude miſérable aux troubles dont on ſe plaint (A).

Mais, comment faire autrement ?..... Comment ? je vous l'ai dit.

Mais ce moyen eſt plus expéditif.... Il eſt vrai qu'on a plutôt fait d'aſſaſſiner un homme que de le juger.

Croit-on auſſi que les parlemens, les tribunaux ſupérieurs, tous les corps que la colere, la crainte, le reſſentiment animent tour à tour, veilleront à la tranquillité publique qu'ils ont tant de raiſons de troubler.

Que ſignifient ces invitations, ces injonctions de maintenir l'ordre à des Tribunaux dont tous les déſordres

---

(A) Je prie de ſonger toujours que mon but eſt d'attaquer les corps & les places, & jamais les individus. Mille prevôts feront toujours tentés d'abuſer d'un pouvoir odieux, quoique tel ou tel prevôt mérite peut-être l'eſtime d'un honnête homme. Otez-leur ce pouvoir, ſi vous voulez qu'ils la meritent tous, ſi vous voulez empêcher l'abus.

fur leurs playes, & en les touchant guériffoit leurs maux. Tous les malheureux trouvoient en lui un ami, tous les opprimés un défenfeur, tous les orphelins un frere, les foibles un cenfeur indulgent, les tyrans ambitieux, les méchans fuperbes un accufateur intrépide, un juge févere. Sa fenfibilité toujours compatiffante, fa charité toujours attentive, favoient alléger le poids de la douleur & de la mifere. Ses difcours touchans où refpiroient la religion dans toute fa fainteté, la bienveillance & une douceur angélique, avoient pour les pauvres, les malades, pour tous les êtres affligés & foibles un charme inexprimable. Ses paroles, pleines de fimplicité & de vérités profondes toujours exprimées avec grace, fes paroles toujours confolantes pour les infortunés, étoient un baume falutaire qui adouciffoit leurs peines, & qui leur

---

pouffant à bout la patience des peuples, ont amené le défordre auquel on veut remédier.

Ceci s'adreffe fur-tout au membre de l'affemblée nationale; qui, pour n'avoir pas l'air de fe démentir, a prophané fa plume éloquente par l'éloge des parlemens dont il a tant à fe plaindre.

Si vous voulez apprécier les parlemens & leur conduite dans tous les tems, voyez les deux derniers volumes des *Obfervations de l'abbé de Mably* fur l'hiftoire de France où elle eft fupérieurement dévoilée.

donnoit la force de supporter patiemment leurs maux. Ils venoient auprès de lui tristes & souffrans, & s'en retournoient toujours contens & soulagés, toujours disposés à se soumettre à l'ordre, à maintenir entr'eux la concorde & la paix. A sa voix éloquente, les oppresseurs interdits trembloient jusques dans le sanctuaire, & des hommes ignorans & grossiers, habitués à l'esclavage, en voyant la lumiere, sentoient renaître dans leurs cœurs le courage avec l'espérance.

L'empire de la parole fut toujours l'arme terrible dont se servirent les ambitieux, les Périclès, les César, les Mahomet, les Tamerlan, les Gengis-Khan, les Cromwel, pour amener les peuples à leurs vues, pour asservir l'opinion, & rendre ainsi leur puissance inébranlable.

Ce fut aussi toujours la ressource de ces êtres supérieurs, inspirés par la divinité qui les envoyoit sur la terre dans des tems malheureux, pour ramener à la nature & à la vertu les hommes égarés, pour affranchir les peuples opprimés du joug de la superstition & de l'esclavage.

C'est par l'empire de la parole qu'une vie irréprochable & dévouée toute entiere au bien des hommes, rendoit tout-puissant, qu'Orphée, Pythagore, Licurgue, Zaleucus, Socrate, Platon,

Phocion, Confucius, Zoroaftre, Manco & Penn, arracherent leurs concitoyens aveugles & corrompus à la tyrannie des puiffans, des prêtres, des préjugés & des vices.

C'eft avec cette arme redoutable que Caton & Brutus combattirent long-tems le fcélérat habile qui, triomphant de leur fainte éloquence par des difcours que des hommes déjà efclaves de leurs paffions, trouvoient plus agréables, parvint enfin, malgré eux, à féduire & enchaîner fa patrie.

Dans les tems de défolation & d'anarchie, lorfque la fociété ruinée par une longue tyrannie, ébranlée fur fes bafes par le renverfement de tous les pouvoirs, eft prête à fe diffoudre ; la force réelle, c'eft-à-dire, celle du nombre reprend fon empire.

C'eft alors le regne de la multitude dont l'opinion flottante eft entre les mains du premier qui fait la fixer. C'eft donc auffi le regne des talens, & de l'éloquence de la parole.

Les travaux du peuple, fes habitudes ne lui permettent gueres de lire & de méditer. Mais il écoute volontiers un orateur dont le ton & le génie lui en impofent. Qu'un ambitieux adroit paroiffe ; qu'un Céfar ou un Mahomet s'avancent au milieu de cette foule aveugle ; il va d'abord fe faire un parti, & peut-être bientôt étendre & affermir fa

puiſſance. Les peuples ignorans, las de l'oppreſſion & de la miſere, ſéduits par ſes brillantes pro-
meſſes ; par une doctrine bien combinée, ſe ran-
geront ſons ſes étendards, pour ſe ſauver de toutes les oppreſſions à l'abri de ſon deſpotiſme.

Mais qu'un ami de l'humanité qui réuniſſe le
génie & le don de la parole à une grande vertu,
qui appuie ſes diſcours & ſes leçons de ſes bienfaits & de ſon exemple, ſe préſente à cette multitude & lui parle le touchant & pur langage de
la nature & de la vérité, il va l'éclairer, la réunir, & aſſurer, par ſon éloquence, l'empire des
loix ſages & de la concorde.

O vous, écrivains vertueux & amis des hommes dont la gloire & les ouvrages ſont immortels, divin Fénelon, ſage Richardſon, ſenſible
& bon J. J., que n'avez-vous pu librement prêcher aux peuples attendris ces vérités ſublimes que
vous fûtes obligés de dépoſer froidement dans vos
écrits ! Oh ! comme la vie de la parole eût bien mieux
animé vos leçons touchantes ! Comme vos bouches
éloquentes euſſent fait paſſer en traits de feu dans
toutes les ames ces ſentimens généreux dont la
nature échauffoit votre génie ! Ah ! Sans doute
une multitude immenſe ſe fût empreſſée ſur vos
pas ! Les peuples ravis & entraînés ſe fuſſent

profternés devant vous , vous euffent adoré comme des divinités bienfaifantes defcendues parmi
nous pour nous rendre, en nous éclairant, meilleurs & plus heureux : tous euffent fait entre vos
mains le ferment d'être à jamais fideles aux faintes loix de la vertu & de la nature , & vous
euffiez fauvé votre patrie.

Puifqu'ils ne font plus parmi nous ces êtres
bienfaifans , que ceux qui leur reffemblent con-
facrent , comme ils l'euffent fait , leurs talens à
inftruire le peuple par leurs difcours ; qu'ils emploient à ce noble ufage la parole dont la liberté
leur eft rendue.

Allons donc vers le peuple pour l'éclairer &
le rendre meilleur.

Armons-nous pour le perfuader de toutes les
forces de la raifon & du fentiment. Sauvons-le
de fes vices , de fon ignorance & de fa mifere.

L'ennemi nous mine : eh bien ! il faut con-
treminer. Les bourreaux du peuple le haran-
guent pour le féduire & le perdre : haranguons-le
auffi pour l'inftruire & le fauver. Tournons contre nos adverfaires , comme il nous eft fi facile de
le faire , les armes de la raifon & de l'éloquence
qu'ils veulent employer.

O vous, miniftres d'un Dieu de paix dont j'ai

déjà invoqué le facré miniftere (1) , préfentez-vous au peuple & montrez-lui toute l'étendue de fes droits , montrez-lui en même-tems les bornes pofées par le tems & la néceffité qui en limitent l'exercice , & vous l'empêcherez d'en abufer ; montrez-lui la vérité ; montrez-vous à lui entourés de tous les dons de l'humanité , de tous les facrifices de l'orgueil , de toutes les reftitutions de la juftice. Plus de vains retranchemens , plus de réferve cauteleufe ; qu'il n'entende fortir de vos bouches que le plus pur langage du défintéreffement , de la bienveillance & de l'équité. Convenez avec lui de tous les torts des grands , des prêtres & des riches ; & dites-lui que vous venez les réparer. Convenez avec lui de tous fes droits , & dites-lui que vous venez les lui rendre ; mais que vos paroles foient fuivies de prompts effets. Montrez au peuple , en allant à fon fecours , qu'on ne cherche point à l'abufer par de vaines promeffes.

Mais ne lui cachez plus rien de la vérité ; ne compofez plus avec la juftice. Songez que l'ennemi vous écoute pour vous accufer de menfonge,

---

(1) Voyez *Encore quatre cris* ou *Sermon* , &c. p.

pour armer contre vous e peuple de la vérité que vous aurez voulu lui déguiser. Préfentez la lumiere dans tout fon jour, ou, pour allumer un feu qui nous dévorera tous ; l'incendiaire va fe fervir de ce qu'une ombre jaloufe en aura dérobé.

Le peuple a naturellement un fens droit qui leve le voile de l'aftuce & perce à travers le mafque d'un zele hypocrite. Il démele toujours l'intérêt fecret qui lui cache la vérité : nos ennemis connoiffent ce talent du peuple & s'y prennent autrement pour l'égarer. Ils n'ont pas la maladreffe de lui dérober la lumiere. Ils la lui montrent, mais de fi près qu'elle ne peut que l'éblouir & le brûler ; ils lui montrent la vérité, mais en l'exagérant, ils l'empoifonnent. Ils lui montrent fes droits, & lui cachent les obftacles invincibles que la raifon, la vertu & la néceffité mettent à leur exercice ; & c'eft en les lui montrant au-delà de leur étendue, qu'ils l'entraînent loin des bornes, & l'excitent à employer la violence pour en ufer.

Je vous l'ai dit & l'un de vous l'a répété. Elle feroit terrible la guerre que nos ennemis veulent allumer. C'eft celle de la pauvreté contre la richeffe ; la nature & la raifon, parlent maintenant au cœur des malheureux, & leur montrent la

caufe

caufe de leurs maux dans vos propriétés (1) &
dans votre or. Croyez-vous pouvoir étouffer fa
voix. Croyez-vous, par votre or & vos grandes
propriétés infulter encore long-tems à l'indigence.
Croyez-vous déguifer au peuple que c'eft parce
qu'il vous faut des terres , des parcs, des châteaux ,des repas fomptueux, des fpectacles, des
palais, des voitures & des maîtreffes, qu'il meurt
de faim & languit dans la mifere.

Laiffez-là tous vos beaux difcours & foyez francs
& juftes une fois ; foyez humains & vertueux,
fi vous voulez être libres.

Ne défendez plus ces propriétés qui ne peuvent
pas être appellées de vraies propriétés , puifqu'elles
ne fubfiftent qu'aux dépens de l'humanité & de

____

(1) Voyez les *quatre Cris d'un Patriote* , quatrieme
cri, & méditez ces vérités profondes qui prouvent , comme M. *de Saint Pierre* dans fes *Etudes* immortelles l'a
fi bien montré, que du bien-être du peuple dépend le
falut des empires ; que du mépris & de la mifere du peuple naît inévitablement leur ruine. Songez que le for
de ceux qui ont tout eft entre les mains de ceux qu
n'ont rien, & que quand leur patience eft à bout , rien
ne peut les empêcher de fe venger.

» La juftice des nations arrive lentement ; mais fes
» explofions font terribles. Craignez *cette juftice fauvage*
» que tant d'injuftices atroces ont provoquée. «

E

la juſtice, qui ſont le patrimoine des malheureux ; aux dépens de leur vie, de leur conſervation, de leur droit au bonheur, qui ſont les propriétés éternelles.

Enoncez clairement, mettez à la tête de la *déclaration des droits de l'homme*, ces premiers droits, les plus ſacrés de tous ; afin que le pauvre & le malheureux, qui ſont auſſi des hommes, puiſſent l'entendre & ſe réjouir de ce que l'on n'a point oublié leurs droits.

Dites aux habitans des campagnes, à tous ces infortunés qu'une longue oppreſſion a irrités, auxquels une miſere affreuſe a mis le déſeſpoir dans le cœur, les armes à la main ; mais qui conſervent pour la plupart un ſens droit, un cœur pur, une véritable probité, l'amour & le reſpect des loix, de la religion & de la nature ; dites-leur ſans héſiter, avec cette éloquence irréſiſtible que donne la vérité,

VÉRITABLE déclaration des premiers droits de l'homme & du citoyen.

I.

L'ordre de la nature, la paix du juſte, les remords du méchant, un ſentiment commun de tout tems à tous les hommes, tout annonce un Dieu, ſouverain ordonnateur de l'univers qu'il gouverne par des loix immuables qu'on ne doit jamais enfreindre, & qui, en formant les hommes, leur a impofé des loix particulieres qu'ils ne peuvent jamais impunément violer.

I I.

Dites que ces loix, qu'il a gravées au fond de tous les cœurs en traits de feu, ces loix toujours facrées & inviolables, font :

1°. Le fentiment de fon exiftence & de fa bonté toute-puiffante, qui les porte tous, par un penchant naturel & invincible, à l'aimer & à l'adorer.

2°. Le fentiment de l'humanité, d'où naiffent la bienveillance & la pitié, qui les portent à s'aimer & s'entr'aider les uns les autres, & d'où découlent encore, comme d'une fource pure & fublime, tous les bons fentimens qui tendent à entretenir, parmi les hommes, la paix & la concorde, ceux de l'innocence, de la bonne foi, de la douceur, de la chafteté du corps & de l'ame, de la reconnoiffance & de la générofité.

3°. Enfin, le fentiment de la juftice & de la vertu, qui leur commandent de modérer leurs defirs & leurs penchans ; de réprimer leurs paffions, toutes les fois qu'elles pourroient nuire à leurs femblables ; de ne jamais faire aux autres ce qu'ils ne voudroient pas ; de leur faire toujours ce qu'ils voudroient qu'on leur fît ; de blâmer, de haïr, de méprifer ; d'éclairer, de redreffer, de punir ceux qu'ils voient, par erreur, foibleffe ou méchanceté, vouloir troubler & intervertir l'ordre éternel de la Nature ; d'aimer, d'eftimer, de refpecter & récompenfer ceux qu'ils voient toujours fermes & fidèles à le conferver.

I I I.

Dites-leur que Dieu a fait tous les hommes pour être toujours libres & égaux ; leur a donné à tous la raifon, la bonté & la vertu, pour maintenir & rétablir l'égalité entre les forces inégales, pour les empêcher de chercher leur bien hors du bien commun.

I V.

Dites-leur que la félicité générale eft le but de la fociété, & que les loix n'ont été inftituées que pour affurer la liberté de chacun par l'égalité de tous.

V.

Dites-leur que pour que les hommes foient tous & toujours libres, c'eft-à-dire, tous & toujours également heureux, Dieu ayant lié le bonheur de l'homme au bonheur de fes femblables par des nœuds facrés & indiſſolubles, la religion ou la loi de Dieu, qui montre à l'homme la ſource éternelle de ſes droits & de ſes devoirs; la morale, qui eſt le réſultat des loix du ſentiment, de la conſcience & de la raiſon, qui apprennent à l'homme à les connoître, à les aimer & à les reſpecter; la poli- tique, qui en détermine l'exercice & la pratique, en appliquant les loix de la religion & de la mo- rale à la ſociété; loix religieuſes, loix morales, loix politiques doivent toutes ſe tenir toujours étroitement liées pour former une harmonie par- faite, & n'être jamais que le réſultat des loix de la Nature, dont la voix eſt la volonté générale, à laquelle elles doivent toutes & ſans ceſſe nous rap- peller.

V I.

Dites que ce n'eſt que par cette raviſſante & conſtante harmonie de la religion, des mœurs & des loix, que peut fleurir la ſociété, qui n'eſt heu- reuſe que du bonheur de tous ſes membres, fondé ſur l'obſervation fidelle & conſtante des loix de la vertu, qui ſont auſſi les loix de la Nature.

V I I.

Dites que ce bonheur ne peut être ſolide & durer que quand la ſociété, veillant ſur l'éduca-

tion particuliere & publique, prend foin d'entretenir le refpect de ces vérités, de graver l'amour
de ces faintes loix en caracteres ineffaçables dans
l'ame des enfans, où elles fe trouvent déja impri-
mées.

V I I I.

Déclarez que le droit inviolable de tout homme
à l'exiftence, à fa confervation & au bien-être,
eft le premier de tous les droits, celui auquel tous
les autres doivent céder ; que ce droit, qu'il tient
de la Nature & de fon auteur, forme une barriere,
qui doit être infurmontable à toutes les paffions,
eft la borne naturelle & facrée que la fociété doit
mettre à tous les plaifirs, la limite qu'elle doit pofer
à toutes les induftries.

I X.

Déclarez qu'un Etat n'eft bien gouverné qu'autant que tous fes membres font heureux ; que tous
ne font heureux qu'autant que nul n'a trop, &
que tous ont quelque chofe.

X.

Déclarez donc qu'un Etat n'eft bien gouverné,
que tous fes membres ne font heureux, qu'autant
que les propriétés font également réparties ; qu'autant que le corps focial verfe, avec la balance de

la juſtice, ſes bienfaits ſur tous ceux qui forment
la ſociété, partage entr'eux, avec égalité & avec
équité, tous les dons & tous les droits, veille au
bonheur de tous, par le maintien de l'équilibre.

X I.

Dites que quand le temps l'a rompu, & que
diverſes cauſes ont amené une grande inégalité dans
les propriétés & dans les fortunes, le corps ſocial
doit s'occuper ſans relâche, par la réforme de
l'éducation, des mœurs & des loix, de ramener
l'égalité, d'où dépend la félicité générale ; mais
qu'en tout temps, & quel que ſoit l'état des choſes,
ſon premier devoir étant de veiller à l'exiſtence, à
la conſervation, au bien-être de tous, ſon premier
ſoin & le premier bienfait des loix doivent être de
pourvoir avant tout, conſtamment & ſûrement, à
la protection de ces propriétés inviolables, en aſ-
ſurant à tous des travaux, des ſalaires, & la ſubſiſtance à ceux qui ne peuvent travailler ; que les
beſoins du pauvre, du vieillard & de l'infirme,
ſont le premier & le plus ſacré des impôts, contre
lequel le riche & le propriétaire n'ont jamais le
droit de réclamer.

X I I.

Ne mettez donc plus en principe, qu'il n'eſt

aucune propriété dont le corps social puisse exiger l'absolu sacrifice.

Dites au contraire, que le premier devoir comme le premier droit de la société, est d'empêcher qu'aucun n'ait de superflu, afin que tous aient le nécessaire ; que le but de ses loix-étant de suppléer, par la force générale, à l'insuffisance des loix naturelles, elles peuvent & doivent prescrire de nouveau & faire exécuter ce qui est éternellement commandé par la religion, la nature & la probité ; appeller le patriotisme au secours de l'humanité, en interpellant la volonté de tous, qui est toujours la voix de l'équité, quand elle est éclairée, & appuyer de leurs décrets les décrets imprescriptibles.

X I I I.

Dites que le *corps social* n'a jamais pu ni dû tolérer, à plus forte raison sanctionner, les vols, les rapines, les *accaparemens* (1), de l'avidité, la tyrannie & les usurpations de l'injustice.

X I. V.

Dites qu'il ne sauroit y avoir de liberté où il

---

(1) J'emploie ce mot, parce qu'il s'applique avec clarté & énergie à la conduite de ces *honnêtes gens* qui n'en trouvent jamais assez pour eux.

n'y a pas d'égalité, ni d'égalité où il n'y a ni vertu,
ni pitié, ni juſtice.

Dites que toute jouiſſance de l'homme qui
prive ou fait gemir ſon ſemblable, eſt un crime
contre la nature & contre l'humanité, un attcn-
tat contre les loix de la liberté & de l'égalité naturelles, que le corps ſocial a toujours le droit
de réprimer.

Rappellez les hommes à la nature & à la
bienveillance univerſelle, dont elle a voulu les
unir.

Reſſuſcitez dans tous les cœurs ces ſentimens
ſublimes, ces inſtincts généreux qui ſont les premiers liens de la ſociété, & ſans leſquels elle
ne pourroit un moment ſubſiſter.

Prêchez les vrais principes, appuyez vos loix
ſur la morale de la nature. Quand vous déclarez les droits de l'homme, ne ſoyez que les
interprêtes de ſes ſaintes loix.

X V.

Dites que chaque homme a la propriété de
ſes actions, de ſes travaux & de leurs fruits;
mais que cette propriété eſt ſubordonnée par la
nature, comme elle doit l'être par les loix, au
ſentiment & au deſir qu'elle a donné à l'homme
de l'ordre univerſel, au grand principe du bien

commun, à la grande loi de la *convenance générale*. Dites que ce droit, comme tous les autres, trouve dans le droit d'autrui sa limite naturelle & inébranlable.

Dites que les vrais besoins de chaque homme
qui sont très - bornés , & non ses aveugles
desirs qui sont illimités, en sont la mesure ; que
dès que ses actions, ses travaux, ses propriétés
n'ont plus ses vrais besoins pour base & pour
objet unique, ils nuisent aux actions, aux travaux,
aux propriétés d'autrui, & sont autant d'attentats
au bonheur général ; que la force générale qui
doit sans cesse veiller à le protéger, peut & doit
sans cesse surveiller, prévenir, punir & réparer.

Pourquoi affecter d'écarter de la déclaration
des droits de l'homme, ces principes invariables
de la justice & de la morale éternelles ; quand
de leur connoissance & de leur pratique dépend
le bonheur du genre humain ; quand c'est de
l'*ignorance*, de l'*oubli*, ou du *mepris* (1) de ces
principes, que naissent tous les maheurs des
hommes.

Pourquoi ne pas convenir que la socitété doit

____

(1) Voyez la déclaration des droits de l'assemblée nationale.

veiller avant tout, à ce que tous fes membres foient également bons & vertueux, à ce qu'ils foient tous également juftes, fenfibles & humains, afin qu'ils foient tous également heureux & libres.

Pourquoi ne pas déclarer que le bonheur de la fociété n'eft fondé que fur la vertu & la nature ; que l'homme renfermant en lui-même le germe du mal à côté de celui du bien, cédera toujours à fes defirs & à fes paffions, attentera toujours malgré les loix & la liberté au bonheur d'autrui ; s'il ne trouve toujours en referve au fond de fon cœur un fentiment profond, un frein facré qui réprime fes penchans déréglés ; s'il n'a pas fucé, dès l'enfance avec le lait, l'amour de la vertu, des mœurs & de fes femblables ; fi pendant fa vie il n'eft pas fans ceffe repouffé vers ces loix faintes par un pouvoir fuprême, par un afcendant irréfiftible.

Convenez donc que l'éducation & la religion font les plus fûres gardiennes des bons penchans de l'homme, de la vertu, de la liberté, peuvent feules en formant & en confervant les mœurs, en habituant & en forçant les hommes à être toujours bons & juftes, affurer dans un état le regne conftant des loix, la liberté par l'égalité, opérer le bonheur général.

Déclarez que l'évidence de ces loix naturelles

ne peut être conteſtée que par des ames dégra-
dées, & quand les mœurs ſont corrompues.

Déclarez que les loix humaines ne ſauroient
contrarier les loix de la nature, ni s'établir ſur
leurs ruines.

Déclarez que la premiere de toutes les loix,
celle devant laquelle toutes les autres loix, tous
les droits, tous les intérêts, toutes les conſidérations, toutes les propriétés doivent s'immoler,
eſt le bonheur conſtant de l'humanité.

Dites aux riches que, « quand la politique
» humaine attache ſa chaîne au col de l'eſclave
» ou *du pauvre*, la juſtice divine en rive l'autre
» bout au col *des riches* & des tyrans (1). »

Dites-leur qu'ils regardent ce qui ſe paſſe
actuellement ſou leurs yeux, qu'ils voyent comment une providence vengereſſe dont l'œil infatigable nous ſurveille ſans ceſſe, affermit la *grande*
& premiere loi de la convenance générale, par
cette autre loi terrible de la réaction.

Apprenez-leur qu'un châtiment auſſi affreux
qu'inévitable, attend ceux dont les actions, les
travaux, les propriétés & les jouiſſances nui-
ſent depuis ſi long-temps au bonheur de tous;

---

(1) M. de S. Pierre, Etudes de la Nature.

& faites-leur craindre, que fi leurs grandes propriétés & leurs richeffes continuent encore quelque temps, d'attenter au bonheur & à la pro-
pritété générale, l'infurrection terrible de la
multitude miférable, dont on s'obftine à méprifer,
à violer les droits, ne foit l'épouvantable réaction de leur inhumanité & de leur injuftice.

Qu'ils conviennent donc, que les droits les plus
facrés de l'homme étant fa vie, fa perfonne, fa fû-
reté, toutes les propriétés qui les compromettent,
font des iniquités odieufes que fon premier devoir
eft de profcrire; que toutes celles qui, par leur
nature ou leur excès, s'oppofent à la félicité générale, font des propriétés dont le corps focial peut
& doit exiger le facrifice.

Qu'ils conviennent « qu'avant qu'un homme
» ait *droit* à fe procurer *le moindre plaifir, la*
» *moindre jouiffance;* tous les autres hommes
» ont *droit à l'exiftence & à leur confervation;*
» que l'homme *abufe de fes facultés* toutes les
» fois qu'il cherche des *plaifirs* & des *jouiffan-*
» *ces,* qui peuvent *nuire à l'exiftence & à la*
» *confervation de fes femblables.* »

Dites-leur que la fociété a le droit d'empêcher que le riche puiffe donner de vaines parures

à des proftituées, tandis qu'à fa porte, un homme,
fon femblable, expire de befoin (1).

Déclarez-leur que la nature a mis dans le
cœur de l'homme le defir du bonheur des hommes,
le fentiment de la pitié pour leur maux, le
befoin preffant, irréfiftible de les foulager, quoi-

---

(1) Vous vous plaignez de ce que les ennemis du peuple le corrompent par leurs largeffes ; mais pourquoi,
vous, qui vous dites fes amis, fouffrez-vous qu'il y ait
des indigens ? Pourquoi voulez-vous que le pauvre n'é-
coute pas avec confiance celui qui le foulage ? La reconnoiffance rend incrédule, & la foi fuit aveug'ément
les paroles de la générofité. Vous le favez, & vos cœurs
fe refferrent, & vos bouches reftent muettes : de quoi
donc vous plaignez-vous ?

La défiance que le riche ariftocrate verfe avec fon or,
eft la *réaction* naturelle, le châtiment de votre égoïfme.

Commencez par nourrir l'indigent ; & fi, après cela,
il continue à recevoir de l'or pour le perdre, comme vous,
folles en dépenfes, vous aurez alors le droit de vous plaindre ; mais jufques-là où font vos titres.

Comment, vous, qui venez dans la chaire de vérité,
bien poudré & bien paré, vous qui vous glorifiez fi librement de fupporter la jufte privation de votre fuperflu,
tandis qu'une foule d'hommes, comme vous, fupportent
tous les jours de leur vie, patiemment, fans témoin,
fans confolation, fans éloge, celle du néceffaire, comment avez-vous le courage de prêcher le défintéreffement
au malheureux qui meurt de faim ?

qu'il lui en coûte, la crainte de leur nuire, l'inftinct du jufte & de l'injufte, comme autant de freins aux paffions, de bornes aux droits & aux befoins.

Déclarez-leur que les hommes ont une horreur naturelle de faire leur bien aux dépens du bien d'autrui, ou plutôt que leur bonheur véritable ceffe à l'inftant où il devient contraire au bonheur de tous; que les befoins qui les éloignent du bonheur général, à plus forte raifon ceux qui s'y oppofent, font des befoins coupables que s'eft fait l'homme corrompu, & non les vrais befoins de l'homme que lui a donné la nature.

Dites-leur que la vie, la confervation, le bien-être d'un feul homme font cent fois préférables à tous les plaifirs, ne peuvent être mis dans la balance avec toutes les jouiffances de la richeffe.

Dites-leur que *c'eft parce qu'il faut de la poudre à nos perruques, que tant d'hommes manquent de pain?* Qu'un honnête homme n'a jamais ni temps à perdre, ni fuperflu à prodiguer en vains plaifirs, tant qu'il refte un malheureux, un indigent fur la terre, & qu'il n'y a qu'un honnête homme, c'eft-à-dire, l'homme qui fait être, quoiqu'il lui en coûte, conftamment bon & jufte envers les autres, pour l'être toujours envers lui-même, qui puiffe fe dire heureux & libre, & mériter la protection des loix.

Ajoutez ceci.— Qu'ils renoncent pour jamais à leur débauches, à leurs fpectacles, à leurs feftins fplendides, à leurs fêtes, à leurs bâtimens magnifiques, à tous ces plaifirs auffi coupables que frivoles, pour aller dans les greniers & dans les campagnes, rafraîchir, régénérer leurs cœurs flétris, en effuyant les larmes du malheur & de l'indigence, préparer leurs ames, en les purifiant par l'humanité, la juftice & la vertu, à devenir les temples faints de la liberté.

Ajoutez encore.— Que le moment eft venu de rentrer fous le joug falutaire de la vertu & de la nature, parce que l'on fait que la vertu eft la mere de la liberté; parce que l'on fent qu'elle ne peut s'accorder avec l'efclavage des paffions, ni habiter dans un cœur impur & fouillé par le vice.

Dites-leur enfin, que s'ils veulent échapper à la haine, à la honte, au mépris, à la *juftice fauvage* d'un peuple irrité; il faut qu'ils fe déterminent à étouffer leurs paffions effrénées, leur luxe & leur avarice.

Donnez aux malheureux votre parole facrée au nom de la religion, de la liberté & de la patrie, que leur bonheur va être déformais le

but

but invariable de tous vos travaux & de toutes les loix ; que le premier soin de la patrie sera toujours de leur assurer des travaux & des salaires, des secours sûrs & suffisans à l'infirmité & à la vieillesse ; que vous allez mettre à l'avidité & aux usurpations des riches, un frein qu'ils ne pourront jamais rompre ; faire fleurir la religion, les mœurs & la justice ; établir enfin, dans la société un ordre si parfait, qu'aucun citoyen ne soit jamais privé de ses bienfaits, que la pauvreté honnête & vertueuse ne soit jamais abandonnée.

Lisez & relisez leur sans cesse les décrets qui auront déclaré, qui auront consacré leur droits ; & montrez-leur tous les jours ce qu'auront fait pour eux les puissans, les riches, & sur-tout les légisgislateurs, les peres de la patrie.

Faites - leur sentir ensuite combien il seroit affreux de ne répondre aux bienfaits que par l'ingratitude.

Dites-leur qu'ils doivent tout attendre de la bienveillance des hommes & de la justice des loix, & ne rien arracher par la violence.

Faites-leur sentir que la violence est toujours injuste & odieuse ; que si la justice & les loix dont l'empire sera désormais tout-puissant & inébranlable, doivent réprimer les attentats des riches

& des puiſſans ; veiller à l'emploi qu'ils font de leur puiſſance & de leurs richeſſes, elles doivent auſſi protéger leurs biens , quand ils font légitimément acquis , les garantir contre toute violence , & peuvent feules pour l'intérêt général en exiger le facrifice.

Dites-leur qu'il n'appartient qu'à la volonté générale, c'eſt-à-dire, à la loi, à la force générale, c'eſt-à-dire, au monarque qui en eſt le ſuprême dépofitaire, d'arrêter leurs uſurpations, de punir leurs injuſtices, de tirer l'or de leurs mains.

Dites-leur qu'ils n'auront bientôt plus rien à redouter des puiſſans & des riches ; qu'ils doivent au contraire tout attendre d'eux, puiſqu'ils reviennent d'eux-mêmes en foule à la juſtice & à l'humanité, que vont leur commander les loix, puiſque les pauvres vont tous être fous leur ſauve-garde, & font déjà fous la fauve-garde encore plus puiſſante de l'humanité, de l'équité & du patriotiſme.

Dites-leur, que ſi le méchant riche , oiſif & titré a fouvent opprimé l'indigence honnête & laborieufe, le travail quelquefois a trouvé ſa récompenfe dans la richeſſe ; la mifere fouvent eſt devenue la peine de l'oiſiveté & du vice.

Dites-leur que la tyrannie des grands s'eſt fouvent appeſantie fur les petits par l'ordre de

Dieu, pour punir les petits de leurs folies, de leurs méchancetés & de leurs fcandales.

Rappellez-leur, qu'employer la violence contre fon frere, alors même qu'il eft coupable, & qu'on eft opprimé & malheureux, c'eft un crime ré-prouvé par la religion, la probité & la nature.

Dites-leur enfin que le pauvre dans fa pauvreté, le riche au milieu de fa richeffe, doivent toujours être fideles devant Dieu, aux loix de l'humanité & de la vertu, qui défendent de piller, de tourmenter, d'égorger fon femblable ; qui recommandent de fouffrir plutôt que de devenir méchant, qui promettent le plus beau prix à la douceur & à la patience.

J. J. ROUSSEAU

A L'ASSEMBLÉE NATIONALE.

SECONDE SÉANCE.

De la nécessité d'élire de nouveaux députés.

SECONDE PARTIE.

Idée des différents objets auxquels les nouveaux élus pourront être employés.

Voila comment on parle aux peuples, quand on veut gagner leur confiance, & la confiance des peuples est le meilleur gage de l'amour & de l'exécution des loix.

Mais si l'éloquence de la parole est une arme si redoutable, il ne faut la confier qu'à la sagesse & à la vertu.

Les ministres de l'évangile, comme officiers de morale, en sont les dépositaires naturels; mais ils ne sont pas tous exempts de fanatisme & de préjugés dangereux; ils n'ont pas tous le même talent, ne possedent pas tous la confiance du peuple au même dégré.

Charlemagne envoyoit à ses peuples des commissaires choisis, pour écouter leurs plaintes, accueillir leurs demandes, pour être auprès d'eux les ministres de sa justice, & veiller sur la conduite de ses délégués.

Pourquoi l'*assemblée nationale* n'enverroit-elle pas aujourd'hui vers le peuple, pour lui prêcher la concorde & l'amour des loix, pour gagner sa confiance, un certain nombre *d'hommes vertueux* qu'elle auroit choisis?

Ces respectables *missionnaires*, revêtus d'un caractere auguste & saint, employeroient tous leurs talens, tout leur zele, à réprimer la licence, & à pénétrer tous les cœurs d'amour pour la vertu, la patrie & l'humanité, compagnes inséparables de la liberté.

L'*assemblée nationale* est tous les jours accablée de nouvelles demandes, & surchargée d'affaires très-importantes.

Il faut un comité de finances.

Il faut un tribunal supérieur, pour juger les criminels de *lèse-nation*, & il seroit à desirer que pour l'*instruction* il fût établi un grand-juré supérieur, composé de magistrats & d'hommes de loi, qui n'auroient que voix consultative (1).

Il est de toute nécessité qu'elle forme un *comité*, auquel ressortissent, dès-à-présent, tous les plans de municipalité (2).

Un autre, pour l'établissement de la *milice nationale* dans tout le royaume.

Un autre, pour celui de la procédure par jurés, après laquelle tous les bons citoyens soupirent.

Tous les jours des patriotes, pleins de zele & de talent, publient des écrits, présentent à l'*assemblée nationale* des *plans* de réforme : elle ne peut s'occuper de tout cela, & cependant tout cela intéresse le bien public, pour lequel on ne doit rien négliger.

Il seroit donc à desirer qu'il y eût un *comité des projets*, spécialement chargé d'examiner tous ceux qui lui seroient présentés; de recueillir, dans

---

(1) Voyez *Encore quatre Cris*, &c. page 44.
(2) Voyez idem, pages

les écrits qui fe publient, ce qui peut être vraiment utile, & d'en faire part à *l'affemblée*, qu'éclaireroit fouvent un trait de lumiere, jailli du fein de l'obfcurité.

Enfin, pour haranguer & inftruire le peuple, pour établir entre lui & *l'affemblée nationale*, entre elle & les affemblées fubalternes une efpece de correfpondance, une relation directe, qui me paroît néceffaire, parce que le gouvernement va toujours moins bien quand des intermédiaires s'interpofent entre les gouvernans & les gouvernés, il feroit à defirer que *l'affemblée nationale* eût dans la capitale & dans les provinces des *envoyés*, chargés de faire connoître aux peuples fes décrets, de leur en expliquer les motifs & le but, d'en examiner les effets, & de lui en rendre un compte prompt & fidele, afin de lui mettre à chaque inftant fous les yeux les inconvéniens, les obftacles que les loix les plus fages rencontrent, lorfqu'il s'agit de les faire exécuter.

Ces *envoyés* auroient l'œil fur la conduite des affemblées fubalternes, qu'ils feroient chargés de diriger & de former.

Ils furveilleroient de près les intrigues, préviendroient les diffentions, calmeroient les troubles, éclaireroient les manœuvres des ariftocrates, dé

concerteroient tous les complots perfides, en aver-
tiffant l'*affemblée nationale* & le peuple de leurs
dangers.

Ainfi, leur utile entremife maintiendroit, d'un
bout du royaume à l'autre, entre la nation & fes
repréfentans, une confiance motivée , & la plus
parfaite harmonie.

Mais pour que cette entremife foit vraiment
utile , il faut que les *envoyés* foient étroitement
unis d'intérêt avec les deux puiffances qu'ils doivent
rapprocher. Il leur faut un *caractere* pour en impofer au peuple & gagner fa confiance : ils doivent
donc abfolument être *membres de l'affemblée nationale*; c'eft-là le lien qui les attachera à la nation
& à fes repréfentans , le titre augufte qui leur
conciliera par-tout la déférence des affemblées fubalternes , l'amour & le refpect de la multitude.

Que l'*affemblée nationale* leur donne *voix con-
fultative* , fi elle ne fe croit pas le droit de les admettre au nombre des délibérans ; leurs avis au
moins , qui font fi importans, ne feront point
perdus pour le peuple , & les délibérans qu'ils
éclaireront, oublieront fûrement les fugeftions de
l'amour-propre, pour n'écouter que le zele défintéreffé du patriotifme.

Alors l'*affemblée nationale* pouvant fe décharger

fur eux d'une *partie du fardeau immenfe* qu'elle eft obligée de porter, trouvant en eux des hommes de mérite qui pourront former une grande partie des *comités*, dont l'établiffement eft indifpenfable, pouvant compter, dans toutes les parties du royaume, fur les foins de *miffionnaires habiles & zélés*, n'aura rien qui puiffe la diftraire des *difcuffions profondes* fur la conftitution & la légiflation, dont elle doit uniquement s'occuper.

Je raffemble donc dans un même tableau, pour les préfenter réunis à l'attention de l'*affemblée nationale*, tous les *écrivains* non-élus dont la conduite publique & les ouvrages m'ont paru annoncer des lumieres & des vertus.

J'invite l'*affemblée nationale* à les appeller auprès d'elle comme de dignes auxiliaires, à lire leurs ouvrages, & à en faire fon profit.

Je hafarderai quelques réflexions fur ces ouvrages, moins pour m'ériger en juge, ce qui ne convient ni à mon caractere, ni à ma capacité, que pour foumettre à ces écrivains & au public quelques idées, que je crois utiles.

D'ailleurs, mes notices pourront fixer l'attention fur ces écrits & leurs auteurs, engager le public à les lire, & lui préfenter des *repréfentans* pour l'affemblée prochaine.

Ainfi, fi, malgré l'exactitude avec laquelle j'ai revu ces notices, il y étoit refté quelque expreffion, quelque obfervation qui pût bleffer l'amour-propre de ceux que j'ai placés dans mon petit dictionnaire, je les prie de croire qu'elles ont échappé à mon attention. D'ailleurs, le but de ce dictionnaire, s'ils veulent y penfer, leur prouvera affez que je n'ai pu vouloir les offenfer.

Mes intentions ne peuvent être fufpectes : le recueil de leurs noms eft à mes yeux le fupplément naturel de la lifte de nos repréfentans; auffi je je l'intitule : *petit dictionnaire d'un patriote.*

J'ajouterai ici une réflexion, qui n'a pas peu contribué à me déterminer.

Dans prefque toutes les affemblées, on a prefque toujours toléré l'abfence fréquente d'un grand nombre de leurs membres, & attribué à un certain nombre les droits & les pouvoirs confiés à la *tota-lité.*

En Angleterre, par exemple, cinquante membres de la chambre des communes peuvent prendre une décifion ; cette réduction tolérée, eft ce que les américains appellent un *quorum.*

Nous avons fuivi cet exemple; mais je crois cependant que nous en avions un autre à donner.

Je crois que nous devions pofer, comme principe de morale publique, que pour qu'une affemblée légiflatrice puiffe délibérer & rendre un décret, tous les membres, dont le peuple a voulu qu'elle fût compofée, doivent s'y trouver.

En effet, n'eft-ce pas porter atteinte aux droits du peuple, que de laiffer à la minorité de ceux qui le repréfentent le droit de délibérer & de décider ? La totalité, ou au moins la grande majorité des repréfentans, peut donner l'expreffion de la volonté générale ; mais la minorité ne peut jamais exprimer que les vœux des intérêts particuliers.

C'eft cette funefte tolérance qui a inondé les affemblées légiflatrices d'abus honteux, les legiflations de mauvaifes loix.

C'eft elle qui a multiplié à l'infini, en Angleterre, les taxes, les priviléges exclufifs, les ftatuts réglementaires, parce qu'un bill oppreffeur peut être l'ouvrage de cinquante commerçans (1).

____

(1) Combien d'innocens ont été affaffinés par le glaive des loix, parce que le juge humain fe trouvoit abfent, & qu'il n'y avoit que des bourreaux fur les fleurs de lys.

Combien, parce que des juges infoucians s'en fioient à un rapporteur, qui s'en fioit à un fubalterne négligent ou gagné.

C'eſt elle enfin qui a ſouillé notre déclaration des droits de dupliçité & d'intolérance, parce qu'un jour les intolérans ſe trouvoient en force, les tolé- rans n'ayant pas jugé à propos de ſe préſenter.

Oui, la patrie ſouffre, ſi un ſeul de ſes défen- ſeurs ſe tient à l'écart. Sa voix pourroit combattre un projet dangereux ; ſon avis pourroit ramener l'aſſemblée, prête à ſe laiſſer ſurprendre, détermi- ner la majorité pour le parti de la raiſon & de la juſtice ; ſa préſence ſuffiroit peut-être pour décon- certer le crime.

On peut faire paſſer une loi qui ſoit onéreuſe pour quelque province, par quelque raiſon parti- culiere qui tienne à ſa localité. Si ſes repréſentans s'abſentent, comment ſera-t-elle défendue ?

Le ſoldat qui abandonne ſon poſte, le lâche déſerteur ſont punis. Serez - vous moins ſéveres quand il s'agit du ſalut de la patrie ?

Celui qui, ayant accepté, ayant ſollicité peut- être, les fonctions auguſtes de *repréſentant* d'un grand peuple, néglige ſes devoirs (1), les plus ſa-

---

(1) Voit-on les Mirabeau, les Moùnier, les Saint Etienne, &c. s'abſenter des comités, des bureaux & de l'aſſemblée ?

crés de tous, prive la nation des lumieres & du

L'article des opinions religieuses eût-il passé si MM. Rabaut de S. Etienne & de Mirabeau eussent été appuyés ?

Il est bien étrange qu'il y ait d'autres affaires pour un membre d'une assemblée quelconque que celles qui doivent s'y discuter, qu'il y ait pour lui d'autres devoirs, d'autres plaisirs, que celui de s'y trouver lorsque la présence y est nécessaire.

Mais les affaires de famille, les besoins de la vie, &c.

C'est aux commettans ou à l'assemblée légiflatrice à pourvoir au traitement de ses membres ; puisqu'ils sacrifient tout à la patrie, il est juste que la patrie subvienne à leurs *besoins*.

Si quelque représentant est appellé chez lui par des affaires pressantes, il doit obtenir *d'un comité nommé à cet effet* une permission de s'absenter, & le comité ne doit point tolérer l'absence simultanée d'un grand nombre de membres ; c'est une police indispensable. Elle se pratique dans les maisons d'éducation, & dans d'autres endroits publics : pourroit-elle paroître étrange à une *assemblée nationale.*

Toute absence doit y être motivée, & pour que les décrets soient toujours l'expression de la volonté générale ; c'est-à-dire, au moins de la majorité, il ne sauroit être permis qu'à un très-petit nombre de s'absenter à la fois.

Tous les membres élus étoient libres de refuser. Pourquoi donc ne seroient-ils pas obligés de remplir les devoirs qu'ils se sont eux-mêmes imposés ?

zele d'un vrai patriote, qu'elle auroit pu élire à sa place, si vous ne le punissez pas, au moins faut-il l'exclure & le remplacer.

Je ne sais, mais ces raisons me semblent sans réplique.

AVERTISSEMENT.

JE prie encore une fois le lecteur de ne point confondre ces Notices avec ces Dictionnaires fatyriques où des folliculaires audacieux jugent en dernier reffort tous les plus grands écrivains des fiecles préfent & paffés, & prononcent en dix lignes fur des ouvrages de vingt années. Mon but eft de préfenter à la nation des hommes qui puiffent l'éclairer de leurs lumieres, la défendre par leurs vertus. C'eft ici mon Dictionnaire des *honnétes gens* à talent. Je ne juge point ; j'obferve les perfonnes & les écrits, & de ces obfervations j'en préfente le réfultat : je rends tout fimplement les impreffions que ces écrits m'ont fait naître. Je n'ai pas le fot orgueil de croire qu'il m'appartienne de juger les *Bonnet*, *les Servan* & *les Saint-Pierre*. Je crois même qu'il n'eft perfonne à qui le ton tranchant & décifif puiffe convenir.

Rousseau ne prononçoit sur rien qu'avec la plus grande modestie ; ainsi toutes les fois que le lecteur trouvera à mes expressions quelque chose de magistral & D'IMPERTINENT, je le prie de croire que mon cœur & ma raison les désavouent, & qu'elles sont échappées à la précipitation de l'écrivain.

Je sais bien que l'on doit respecter le public, sur-tout quand on se présente avec un talent aussi médiocre que le mien, & ne pas se montrer à lui en robe de chambre.

Mais je répondrai par un mot de M. *de Mirabeau.*

» Quand le feu est à la maison, son-
» ge-t-on à sa toilette ? Non : on court
» aux pompes «.

Cette raison doit, ce me semble, faire excuser mes longueurs. Si j'avois eu plus de tems pour *approfondir* j'aurois sûrement beaucoup plus *abrégé.*

J. J. ROUSSEAU

J. J. ROUSSEAU
A L'ASSEMBLÉE NATIONALE.

TROISIEME SÉANCE.

Il présente à l'Assemblée le petit Dictionnaire du Patriote, suivi de quelques notes sur des objets intéressants.

NOMS

Des Patriotes inscrits dans ce Dictionnaire, avec des notices par ordre alphabétique.

A

ABAUSIT, Citoyen de Geneve.

ANONYMES.

AUTEUR (L') de l'Echo de l'Elisée ou Dialogues de quelques morts célebres sur les états-généraux de la nation & des provinces, en Octobre 1788.

AUTEUR (L') des Considérations sur les principes politiques de mon siecle, &c. &c. Londres, février 1776.

AUTEUR (L') d'un Testament Politique de Louis XV.

AUTEUR (L') d'une Lettre au Roi de Suede sur la Constitution d'Angleterre de Delolme.

AUTEUR (L') de la REQUÈTE d'une SOCIÉTÉ rustique à MM. les Notables, par un Curé à portion congrue, 1788.

AUTEUR (L') de l'autorité de Montesquieu dans la révolution présente.

ANQUETIL DU PERRON.

B

BERTOLIO.
BONNET (Charles) citoyen de Geneve.
BRISSOT DE WARVILLE.

C

CERUTTI.
CONDORCET (le Marquis de).

D

DARIGRAND, avocat.
DE FOURCROY, médecin.
DE LA CRETELLE, avocat.

DE LOLME, Génevois.

DE LUCHET (le marquis de).

DE LISLE DE SALCES.

DE SAINT LAMBERT (le marquis de).

DE SAINT PIERRE (H. J. B.)

DE SERVAN (ancien avocat-général à Grenoble, où M. Mounier est juge royal (1)).

DUSAULX.

---

(1) Comme l'un des devoirs d'un bon citoyen est, selon moi, de consoler un honnête homme, un homme de génie lâchement insulté & calomnié ; j'insererai ici quelques médiocres vers en l'honneur de cet homme respectable, qu'une foule de charlatans, dont l'unique but est de tirer parti de la faveur du peuple qu'ils flattent, se plaisent à déchirer.

A Monsieur MOUNIER, principal auteur de la révolution en Dauphiné.

C'est toi, sage Mounier, dont le puissant génie
Releva le premier nos peuples abbatus ;
Et de son soufle impur la noire calomnie
Voudroit ternir l'éclat de tes mâles vertus.

Console-toi : la calomnie
Sur la vertu, toujours a versé son poison ;
Mais le sage qu'insulte une ingrate patrie
Aura pour lui son cœur, le tems, & la raison.

THORILLON, ancien procureur au Châtelet.

N. B. Je dois être d'autant moins suspect de partialité dans mes Notices, qu'aucun des *écrivains cités*, à l'exception d'un seul, ne m'est particuliérement connu. C'est l'auteur de l'*Echo de l'Elysée*, dont je me fais l'honneur de me dire le disciple & l'ami.

Eo magis præ fulgebant . . . .

A.

ABAUZIT, citoyen de Genève. Le vrai philosophe.

Voyez la note fameuse de J. J. Rousseau, dans son Héloïse ; & M. de Servan, Observations sur les Confessions de J. J. Rousseau.

J'ignore cependant si M. Abauzit est encore vivant. —

ANONYME. L'auteur de l'*Echo de l'Elysée*, ou Dialogues de quelques morts célebres sur les états-généraux de la nation & les provinces.

Une des premieres brochures qui aient défendu les grands principes (1) : une de celles qui ont préparé la révolution dans l'opinion publique. On y reconnoît la touche énergique d'un homme qui

---

(1) Elle a paru en Octobre 1788.

G 3

A.

eft remonté à la fource de nos maux, qui fent profondément ceux du grand nombre, & qui n'a pu approfondir cette fcience douloureufe qu'en voyant de près les malheureux.

On trouve, en tête de l'ouvrage, des notices intéreffantes fur deux des patriotes les plus éclairés, les plus refpectables & les moins connus que la France ait vu naître, le *marquis d'Argenfon*, dont le livre vraiment claffique doit fervir de guide aux repréfentans de la nation qui feront vraiment animés du defir de reftaurer leur patrie, & *Valentin Jamerai Duval*, qui, né pâtre, long-temps éprouvé par l'indigence, n'a jamais oublié depuis, au fein de la richeffe, des honneurs & de la gloire, les maux de la portion la plus eftimable, la plus nombreufe de fes compatriotes, & a configné dans fes écrits une foule d'idées, vraiment utiles, fur les moyens d'y remédier.

On diftingue encore dans cette brochure, un éloge touchant du maréchal du Muy, ce vertueux tuteur de fon roi, dont la France pleurera long-temps la perte, & un morceau, plein de force & d'éloquence, contre les ufurpations de l'ariftocratie.

Depuis plus de fix ans, l'auteur avoit dans la tête toutes les idées qui commencent aujourd'hui

A

à se répandre, & dont il a à peine eu le temps de jetter quelques-unes dans cette esquisse.

Il ne lui en eſt gueres échappé qu'une seule qui soit dangereuse, parce qu'il n'avoit pas pu réfléchir aſſez long-temps ſur les conséquences.

C'eſt ſa réclamation en faveur des campagnes, pour l'admiſſion d'*un ordre ruſtique* aux états-généraux, ce qui aggraveroit encore, comme on le peut voir par l'exemple de la Suède, les dangers de la diſtinction des ordres, en les multipliant ; mais au moins a-t-il prouvé combien les campagnes avoient été opprimées juſqu'à préſent par les trois ordres ; au moins a-t-il fait ſentir combien il étoit odieux qu'elles n'euſſent jamais été repréſentées.

L'auteur eſt perſonnellement eſtimable par la force de ſon ame, par la fierté originale de ſon caractere, l'inflexible ſévérité de ſes principes, auxquels il n'a jamais dérogé dans aucune circonſtance de ſa vie ; reſpectable par la pureté de ſes mœurs, l'inaltérable bonté de ſon cœur & ſon infatigable humanité ; ſolitaire, parce que nous ſommes corrompus ; mépriſant, dans ce pays lâche & vénal, la fortune & la gloire, il s'honore, loin des regards des hommes, devant celui qui les ju-

A

gera tous , du facrifice qu'il fait de fa vie à la fageffe & à la vertu ; invariable dans fes principes ,
conftant dans fa conduite, réglé dans fa vie , laborieux , indulgent pour la foibleffe, ferme contre
le vice puiffant & la méchanceté, plein d'égards
pour le malheur, inacceffible à la crainte , parce
qu'il fait fouffrir ; au-deffus des féductions de l'efpoir, parce que peu lui fuffit, il fait encore, quoique
peu fortuné , trouver dans fes privations le moyen
de foulager les malheureux ; fon ame bienveillante,
remplie d'une pitié active , veille fans ceffe fur les
maux de fes femblables , eft fans ceffe occupée à
employer fes lumieres, fon génie, qu'il a éclairé
par l'étude & d'utiles méditations , toutes fes facultés, à diminuer la fomme de ces maux, à en
alléger le poids.

Peu d'écrivains allient une philofophie auffi
faine , auffi étendue , des lumieres auffi pures, une
raifon auffi forte , à une érudition auffi fûre ; à une
auffi profonde connoiffance des faits , de notre hiftoire , & de toutes les branches de notre légiflation.
Peu d'hommes méritent mieux le nom d'hommes ,
poffedent mieux le courage de l'ame , la patience,
cet appui le plus fûr contre tant de maux, la pre-

A

miere de toutes les vertus. Il a toujours vécu irréprochable dans la probité & dans l'amitié (1).

C'eſt cet ami duquel j'ai cité un *fragment*, pris
dans une brochure qu'il n'a pu achever, ſur *les
droits & les pouvoirs des diſtricts*. Voyez *Encore
quatre cris*, *&c.* chez Volland, libraire, quai des
Auguſtins, page.

Voici une inſcription qu'il a faite ſur la Baſtille.

Là fut cette Baſtille , effroi de l'équité ,
Où dans l'ombre , & toujours avec impunité ,
Les ſcélérats puiſſans exerçoient leur vengeance ,
Où ſans conſolateur expiroit l'innocence.
  Sur les débris de ce lieu déteſté
S'éleve un monument , & la Reconnoiſſance
S'écrie : ouï : c'eſt Louis , le pere de la France
  Et l'ami de la Liberté.

Il va paroître de lui trois diſcours ſur les trois
époques de l'*Hiſtoire de France*.

Le premier eſt ſous preſſe.

Il a conçu ſur le *veto* une idée qui me paroît
de la plus grande vérité , & que j'indiquerai ici,
ſes occupations ne lui permettant pas de la développer lui-même en ce moment.

----

(1) Voyez l'épitaphe des guerriers morts dans la retraite des dix mille par Xénophon.

A

Il voudroit que le Roi eût le veto *suspensif*
pour la premiere session du corps législateur, pendant laquelle une loi lui seroit présentée, & *absolu* pour la seconde.

Par-là, dit-il, cette loi se trouvant soumise à
la nation dans l'intervalle d'une session à l'autre,
l'opinion publique auroit le tems de se former
par la discussion.

Alors si elle se déterminoit pour ses représentans, elle forceroit le roi à céder la session sui-
vante : si elle étoit contr'eux, c'est qu'ils ne seroient pas dignes de sa confiance ; & dans ce cas,
il seroit bon pour la nation que le roi pût les forcer à céder.

Je ne sais ; mais cette idée me paroît porter le
caractère frappant de la vérité

ANONYME. L'auteur des *Considérations sur
les principes politiques de mon siecle*, ou de la nécessité d'une *Morali - politique*, à l'occasion de
l'ouvrage sur la législation & le commerce des
grains, imprimé à Londres par A. Grant, Bridges.
street, février 1776.

Son livre n'éclaire pas tout-à-fait ; mais il fait
penser, & conduit à la lumiere. L'auteur est un

A

voyageur preſſé, qui connoît tous les chemins, &
qui, voyant que vous vous êtes égaré, vous indique
ceux qui pourront vous remettre ſur la grande
route. Nulle part, les ſymptômes de nos maux,
la filiation des cauſes, l'enchaînement des effets ne
ſe développent dans un ordre plus clair & plus
vrai.

On eſt ſurpris de la facilité avec laquelle l'auteur ſaiſit, compare, analyſe, ſimplifie, rapproche
les idées qui ſemblent les plus éloignées de ſe réunir ; c'eſt lui qui franchit les intermédiaires, ſans
s'écarter jamais de ſa route, ſans jamais perdre de
vue le but où il marche, le point d'où il eſt parti.
Ses réſultats ſont toujours vrais, parce que ſes
principes ſont toujours ſûrs, & ſes méditations
toujours profondes ; mais peu de vues ſont aſſez
étendues pour appercevoir d'en-bas le premier
échelon de la grande échelle qu'il a dreſſée, aſſez
juſtes pour meſurer les diſtances que ſon intelligence parcourt en ſe jouant.

On ne ſait comment il ſe fait que ſon ſtyle ſoit
ferme & précis, quoiqu'il marche lentement, par
longues périodes, quoique ſes phraſes aient beaucoup d'étendue ; c'eſt que ſa préciſion eſt toute
entiere dans les mots ; c'eſt que ſon ſtyle, par un

. A

contraſte ſingulier avec celui des écrivains ordinaires, eſt ſurchargé d'idées ; elles ſe preſſent en
foule ſous ſa plume ; on diroit qu'à meſure qu'il
écrit, elles viennent chercher quelque coin, quelque
membre de phraſe pour s'y placer.

L'auteur eſt du petit nombre de ces génies pro-
fonds, à la ſagacité, à l'attention deſquels la vérité
ſe découvre ; mais il lui manque les reſſources de
l'ame pour la ſentir fortement, pour la peindre &
la faire aimer.

Il ne ſuffit pas, comme il paroît le croire, d'é-
clairer les hommes, de convaincre leur raiſon, de
les ramener, de les conduire, comme par la main,
de lumieres en lumieres à la vérité. C'eſt leur ſenſibilité qu'il faut émouvoir ; c'eſt leur cœur qu'il
faut remplir d'un ſaint enthouſiaſme pour la vertu,
en leur offrant ſon image dans toute ſa beauté.

Le ſtyle d'un écrivain n'eſt donc pas, comme il
le penſe, ce qui doit le moins l'occuper. S'il ſe
borne à préſenter froidement la vérité, ſes lecteurs
reſteront froids devant elle.

A quoi ſert de la connoître, quand on ne ſait
ni l'aimer, ni la ſuivre ? Cette connoiſſance ſtérile
n'eſt qu'un foible pas vers la vertu ; c'eſt le courage d'une ame pure & forte qui embraſſe la vérité

A

d'une généreuse étreinte, pour s'y tenir toujours étroitement attaché. La raison voit le but & la route ; mais c'est la vertu qui y marche d'un pas ferme, sans jamais s'effrayer des obstacles, ni se détourner. C'est la vertu qui fait souffrir pour la vérité, qui est toujours prête à mourir pour elle. Cette patience, ce courage de l'ame, la raison seule, avec ses froids conseils, pourra-t-elle le donner ? Non ; ils ne peuvent naître que d'un sentiment profond.

Il faut brûler au-dedans pour brûler au-dehors. C'est la chaleur de l'ame qui anime le style, colore les images, donne la vie à la pensée, répand dans tous les cœurs le feu sacré dont l'écrivain est embrâsé.

Les tyrans pardonnent au foible *Isocrate* la vérité qui ne porte point le remord dans leur ame (1). Mais à la voix du mandarin dont le courage, prêt à la mort, lui présente sans crainte l'affreux tableau de ses forfaits, le monarque de la Chine pâlit sur son trône ; la vertu éloquente brise son cœur : elle y fait renaître l'humanité. Les docteurs de la loi

____

(1) Voyez les Voyages d'Anacharsis sur *Isocrate*.

A

prêchoient en vain leurs compatriotes indociles, que révoltoient leurs vices ; mais à la voix touchante de Jésus, tout un peuple s'empressoit sur ses pas, & ses disciples couroient à la mort.

Au reste, il est aisé de voir que tous les rayons épars dans cet ouvrage, aboutissent à un grand centre de lumieres, que ce livre, comme l'auteur l'annonce, n'est qu'un détachement d'idées, qui supposent un plan vaste & long-temps réfléchi, un *systéme de morale & de législation*, profondément combiné dans toutes ses branches. Aux yeux de ceux qui *savent voir* & saisir l'ordre & la liaison de ces idées à travers leur apparente incohérence, l'auteur sera toujours un de ces hommes supérieurs, un de ces génies rares, qui réunissent à eux seuls les lumieres de plusieurs peuples, la raison de plusieurs siecles ; une de ces têtes méditatives & profondes ; une de ces vastes intelligences, qui peuvent concevoir seules toute une législation, la combiner sagement dans toutes ses parties.

L'auteur paroît être fait pour diriger l'administration d'un grand empire, pour être, comme il le dit lui-même, un grand *homme d'état*, il est à désirer que la nation ne soit point privée de ses lumieres.

A

N. B. Son livre, écrit il y a treize ans, est un de ces ouvrages prophétiques qui ont annoncé ce qui se passe aujourd'hui, qui ont prédit que le *bien naîtroit du comble du mal.* C'est un de ces livres rares dont la lecture vaut des années de méditation & d'expérience.

Je lis dans le moment l'ouvrage intitulé : *Simplicité de l'idée d'une Constitution & de quelques autres qui s'y rapportent, &c.,* & à la profondeur des idées, à la maniere originale de l'écrivain, à l'énergie précise & frappante du style, à la facilité des rapprochemens, à l'heureuse vérité des résultats, à son talent de faire ressortir une vérité profonde, par un trait âcre & plaisant, à la férie, à la parfaite liaison des idées ; enfin, aux défauts même de l'auteur, c'est-à-dire, au ton d'humeur qui le domine, à sa manie de croire que tout va bien, dès que tout le monde est éclairé, & jusqu'aux formes longues des phrases, & à la singularité de l'impression ; il est impossible de ne pas voir que les *considérations sur les principes politiques de mon siècle*, sont sorties de la même plume.

Ceux qui prétendent que M. de Mirabeau est caché sous le nom de M. le marquis de Casaux, montrent comme ils savent distinguer les caracteres, les nuances du talent, & le pen-

A

chant univerfel des hommes à la manie déci-
five & à la calomnie.

D'ailleurs, il faudroit donc auffi que M. de
Mirabeau, en 1776, eût fait les *confidérations
politiques*.

M. le marquis de Cafaux eft encore l'auteur
de plufieurs brochures, qui n'ont pas excité
toute l'attention dont elles étoient dignes.

On a lu, relu & loué fans ceffe l'*Effai fur
les Priviléges*, *qu'eft-ce que le Tiers-état*, *le
Mémoire pour le peuple François*, &c. &c. &c.

Sans doute ces excellens écrits méritoient toute
notre eftime, mais ils ne la méritoient pas exclu-
fivement.

La *Différence de trois Mois en 1788*, de
M. de Cafaux, eft un de ces pamphlets qui
décelent dans quelques pages toute la fupério-
rité d'un penfeur profond, d'un homme doué
d'un rare génie.

Sans être d'accord avec lui fur l'afcendant
irréfiftible qu'il donne aux lumieres, fans croire
comme lui, qu'il fuffit pour que tout aille bien
que tout le monde foit éclairé ; il n'en eft pas
moins vrai, que cette brochure feule, le moindre
peut-être de fes écrits, annonce des conceptions
vaftes

A

vaftes & originales , fuffiroit pour le placer fur la ligne fi courte des écrivains à grand caractere.

Aucun penfeur n'a montté en fi peu d'efpace, des vues plus faines & plus étendues.

Nul écrivain fur-tout, n'a mieux établi l'identité de l'intérêt du prince en France, avec l'intérêt du peuple.

« On diroit que les François confiderent le
» peuple comme le prince divifé, & le prince
» comme le peuple réuni dans un feul individu....
» Les François ont raifon (ajoute - t - il, &
» M. d'Argenfon l'avoit déjà dit il y a long-
» temps, c'eft le feul moyen de joindre les avan-
» tages d'une république à la force d'une monar-
» chie, fans redouter les incónvéniens de l'une
» ou de l'autre. »

Et pour que LES ARISTOCRATIES *miniftérielle, noble, facerdotale* & autres, ne puiffent jamais bleffer les intérêts du prince & du peuple en les divifant, il fait voir l'indifpenfable néceffité où font le prince & le peuple de fe concerter dans une affemblée nationale ; mais qui foit *vraiment nationale*, c'eft-à-dire, où viennent aboutir toutes les lumieres, & où tous les intérêts, pour fe concentrer dans l'intérêt général,

H

A

foient tous également repréfentés, tous fondus
enfemble, afin qu'ils puiffent être avantageufe-
ment confultés.

La loi, dit-il, *eft la déclaration du réfultat
de toutes les connoiffances qu'il eft poffible de
recueillir, de toutes les volontés qu'il eft poffible
de réunir fur l'objet, à l'égard duquel il eft ne-
ceffaire de ftatuer.*

Le pouvoir légiflateur *eft dans la maffe des
lumieres & des vertus de la nation,* dont le Roi
fait partie.

Une affemblée d'individus choifis par la nation
fe réunit pour les receuillir, & pour en préfenter
au Roi le réfultat qu'il déclare, après l'avoir
examiné.

Et il eft impoffible que le Roi refufe de le
déclarer, quand fon intérêt fe trouve évidemment
confondu avec celui de fon peuple par l'hérédité
fixée & reconnue de la couronne, & quand ce
réfultat eft vraiment celui de l'opinión publique
qui, étant une fois appuye fur de bonnes mœurs,
libre éclairée, & fans ceffe confultée, forceroit
bientôt le Roi, quoiqu'il en eût à le déclarer.

Je ne fais; mais je ne crois pas avoir encore
vu quelque part un plus bel enchaînement de
vérités neuves & utiles.

A

Je crains de blafphemer; mais Rouffeau lui-même, ce me femble, n'a pas donné *de la loi & du pouvoir* légiflateur une définition auffi fatisfaifante & auffi vraie.

La rigueur de fa théorie fur l'*expreffion de la volonté générale*, qui au fait fera toujours impoffible à connoître en détail; rigueur d'où naquit fon enthoufiafme peu réfléchi pour la démocratie la plus outrée, prouvent, fi je l'ofe dire, qu'il n'étoit point parvenu à faifir fur cet objet le jufte point, le *médium* de l'utile vérité.

Qu'on life attentivement tous les ouvrages de M. de Cafaux, & l'on verra qu'il eft peut-être de tous nos écrivains politiques, celui dont le génie eft le plus étendu, le plus jufte & le plus fécond; on conviendra au moins qu'il fourmille d'idées neuves, d'apperçus étonnans, & qu'il a une maniere non moins neuve & originale de les préfenter.

Ces excellens effais qu'il ne donne que comme des fuites, des développemens partiels de fes principales idées, doivent infpirer à tout homme qui aime à s'éclairer, & qui en fent le befoin, le défir de connoître entièrement fa doctrine, de lui

A

Voici ceux de ses écrits qui me sont connus.

1°. Considérations sur les Principes politiques de mon siecle, ou de la nécessité d'une Morale politique, à l'occasion du livre intitulé : De la Législation ou Commerce des grains, Londres, Bridges-Street, février 1776.

Je ne fais pas difficulté de lui attribuer cet essai rempli de vues profondes, le plus instructif de tous ceux qu'il a semés, & qui auroit eu tout le succès qu'il méritoit, si l'auteur eût adopté une autre forme, qui l'eût rendu moins difficile à lire.

2°. Questions à examiner avant l'Assemblée des Etats-Généraux.

3°. Différence de trois mois en 1788.

4°. Quelques idées sur les grandes Questions du moment.

5°. Méchanismes des Sociétés.

6°. Et enfin, Simplicité de l'idée d'une Constitution & de quelques autres qui s'y rapportent, application & conséquences, 1789 ; ouvrage dont M. de Mirabeau, qui en a profité sans mauvaise honte, a dit avec raison qu'il étoit l'ouvrage de génie qu'avoit produit la révolution ;

A

ouvrage dont il a regretté avec raison , que l'essemblée nationale n'eût pas profité d'avantage.

ANONYME. L'auteur du *Testament politique de Louis XV*.

ANONYME. L'auteur d'une correspondance avec le roi de Suede , dont on a inséré une lettre dans *l'analyse des papiers Anglois* , dans laquelle il lui rend compte de l'ouvrage fameux du Genevois *de Lolme* , sur la *constitution d'Angleterre*.

L'auteur de cette lettre paroît tenir le fil des grands principes de l'ordre social , & avoir des idées saines sur la liberté. Il prouve qu'elle ne sauroit exister par-tout où il y a des corps puissans , des *Sénats* , des *Parlemens* ; que tous ces régimes amenent le pire de tous les despotismes , celui de l'aristocratie.

ANONYME. L'auteur de la *requête d'une société Rustique* , *présentée à MM. les notables 1788*.

Ouvrage très-peu connu , & cependant excellent. Il montre tous nos maux en détail , & les fait , pour ainsi dire , toucher du bout du doigt.

On voit que c'est l'ouvrage d'un homme ,

A

qui, habitué à voir les habitans de la campagne, a étudié de près & sur les lieux, les ruses qu'employent leurs oppresseurs pour leur enlever jusqu'aux plus minces ressources.

L'auteur de *l'Echo de l'Elysée*, a dit avec raison que cet ouvrage pouvoit servir de supplément au livre de M. d'*Argenson*.

Voyez entr'autres choses, ce qu'il contient sur les impôts & sur les baux à ferme.

Anonyme. L'auteur du livre intitulé : *De l'Autorité de Montesquieu dans la Révolution présente.*

Cet ouvrage est souvent écrit d'un style qui sent trop la recherche & l'étude ; mais il est dans les bons principes. Le chapitre où l'auteur prouve que nous n'avons point de constitution (1), annonce un observateur profond, un écrivain instruit, accoutumé à réfléchir, une raison saine & très-exercée.

____

(1) Voyez encore deux morceaux très-précieux, l'un plein d'une philosophie douce, humaine, éclairée sur le *Sentiment de l'égalité* ; l'autre, plein de sagesse, sur les modifications que la foiblesse humaine rend nécessaires dans l'application des théories.

A

Le *patriarche des ariſtocrates* (1) y eſt cependant peut-être encore traité avec trop de ménagement, comme écrivain.

Monteſquieu, en parlant des ouvrages de *Bolingbrooke*, a dit de lui, qu'*il avoit beaucoup de chaleur ;* mais qu'il employoit toujours cette chaleur contre les choſes, tandis qu'il ne falloit jamais l'employer qu'à peindre les choſes.

Voilà la clef du génie & du ſyſtême de Monteſquieu ; c'eſt ce ſyſtême qui fait que très-ſouvent il peint *les choſes* ſans aucune chaleur.

L'infortune & la miſere du genre humain, le laiſſent de ſang-froid : pourquoi, parce que le dogme du *fataliſme* ôte à l'ame ſon reſſort, glace le génie. On ne s'attendrit gueres ſur des maux que l'on regarde comme faiſant partie de l'ordre éternel des choſes.

Ce qui manque ſur-tout à l'eſprit des loix, ce ſont les principes que l'auteur ne trouvoit plus dans une ſenſibilité émouſſée par les raiſonnemens qui l'avoient conduit au fataliſme.

Par-tout, Monteſquieu compoſe tranquillement

____

(1) Expreſſion par laquelle M. Linguet déſigne Monteſquieu.

A

avec les oppreſſeurs du genre humain. Ne voyant
pas de remede à l'oppreſſion, il ne s'indigne plus
contr'elle, parce que dans ſon ſyſtême, l'indignation ne mene à rien. Il s'occupe froidement à chercher de vains adouciſſemens au ſort des opprimés ; quand il n'en trouve pas, il ſe conſole,
& ſe détermine à croire qu'il eſt impoſſible d'en
trouver.

« *Tout eſt aſſez mal ſur la terre ; mais peu*
» *de choſes peuvent être mieux.* »

Ce *ſyſtéme* eſt le plus dangereux de *tous les
ſyſtémes.*

Il tranquillife l'oppreſſeur au milieu de ſes
crimes, mene les *honnêtes gens* heureux à l'indifférence, à l'inſenſibilité, & ne laiſſe au grand
nombre opprimé que le déſeſpoir.

C'eſt le ſyſtême ſur lequel eſt bâti *l'eſprit des
loix* ; auſſi *l'eſprit des loix* eſt-il plus le livre des
ariſtocrates, des tyrans, des hommes froids qui
prennent l'inſouciance pour une profonde ſageſſe,
que le livre des peuples & des malheureux.
L'auteur s'y montre trop ſouvent l'apologiſte des
abus, plutôt que l'ami de l'humanité.

Ce ſyſtême eſt auſſi faux, qu'il eſt dangereux. Si
Platon & *Rouſſeau* ont paru trop préſumer de

A.

la bonté de l'homme ; Montesquieu s'est trop laissé effrayer par ses vices ; il n'a levé qu'un coin du voile.

M. Servan est le seul qui ait apperçu le système de Montesquieu. Il a échappé à M. G., & même à M. Mounier, quoique ce dernier dans ses *nouvelles observations sur les états-généraux*, ouvrage plein de connoissances, de sagesse & de génie, ait très-bien caractérisé le livre de Montesquieu.

Comme homme, il me semble que *Montesquieu* est jugé par M. G. trop séverement.

Les préjugés du rang & de la raison, l'orgueil du génie, ont pu égarer la plume de Montesquieu, refroidir sa sensibilité par la réflexion. Il n'oublioit peut-être pas toujours assez, comme l'a dit, l'auteur d'un éloge du président Dupati, sa simare de président à mortier.

Mais certes, l'auteur du discours de la Juive Portugaise, le bienfaiteur des deux Marseillois, avoit l'humanité & le sentiment de l'égalité dans l'ame. L'esprit & les habitudes pouvoient gâter le génie ; mais il n'y a que la sensibilité de l'ame qui puisse donner tant d'éloquence & de délicatesse.

A

ANQUETIL DU PERRON. Traducteur des livres sacrés des Indiens, auteur d'un ouvrage sur la législation orientale, d'un nouvel ouvrage sur le commerce.

Connu par son intrépide courage à supporter toutes les privations, à braver tous les dangers par sa constance infatigable dans ses voyages, entrepris pour nous donner ces livres sacrés (1). La patience & l'intrépidité sont d'heureux présages pour le patriotisme, lorsque ces vertus sont jointes à des lumieres ; mais il est un trait connu qui suffit pour annoncer dans M. Anquetil du Perron, une probité délicate & un véritable patriotisme.

Un de ses amis à qui il avoit confié, qu'il se trouvoit dans un moment de gêne, sollicite pour lui du gouvernement une pension, dans un temps où l'état étoit réduit à une grande détresse, l'obtient & s'empresse d'aller lui annoncer son succès. Je ne veux point de pension, lui répondit M. Anquetil, je ne mangerai pas le pain des pauvres (2).

______

(1) Voyez son voyage aux Indes.

(2) Voyez les notes de l'Echo de l'Elisée, ou Dialogue de quelques morts célebres sur les Etats-généraux de la Nation & des Provinces.

B

BERTOLIO, l'auteur de l'*Ultimatum*, ouvrage exagéré, mais plein d'énergie ; c'eſt le travail de trois nuits. On voit ce que l'auteur peut faire. On connoît encore de lui un excellent diſcours prononcé à Saint-Nicolas-des-Champs.

BONNET, (Charles) grand conſeiller au conſeil de Geneve, &c. &c. auteur de la *Contemplation de la Nature*, de la *Palingéneſie philoſophique*, de l'*Eſſai analytique* ſur les facultés de l'ame, des *Recherches ſur le Chriſtianiſme*, &c. &c. &c. Genevois, écrivain françois ; le premier des métaphyſiciens, profond logicien ; une de ces têtes rares, douées au plus haut degré du génie de la méditation, organiſées pour l'étude de la nature, & les découvertes de la philoſophie. Honnête homme, ſavant, pur & religieux. Un Genevois, c'eſt-à-dire, un homme au fait, dès le berceau, des connoiſſances politiques, habitué par la nature de ſes travaux littéraires à une méditation profonde, doué éminemment du talent ſi précieux de l'analyſe, ne ſauroit être étranger au milieu des légiſlateurs de la France, peut donner d'excellentes idées ſur les formes & l'organiſation d'un bon gouvernement.

M. Bonnet eſt perſonnellement un des hom

B

mes les plus refpectables & les plus éclairés de ce fiecle. M. de Bonneville (1) a dit de lui, dans le Tribun du peuple, n°. 3, qu'il étoit *le difciple & le maître de Buffon.*

BRISSOT DE WARVILLE, Beauceron, *eò magis præfulgebant.....* Homme connu par fon caractere, fier & indépendant, par fon amour pour l'humanité, & fon ardent patriotifme : il n'a jamais fu fléchir devant les grands & les riches, ni déroger pour aucune confidération aux loix d'une auftere probité. Il s'eft montré dans tous les temps, dans toutes les circonftances le fléau des oppreffeurs, le défenfeur zélé des droits de l'homme, l'ami du peuple, le vengeur des opprimés, l'apôtre des mœurs, des lumieres, de la vrai religion, & de toutes les vertus dont elle eft la fource; il eft de la trempe républicaine de J. J. Rouffeau, des écrits duquel il paroît s'être principalement nourri ; comme lui,

____

(1) Auteur de l'*Hiftoire générale de l'Europe moderne,* ouvrage qui annonce un grand talent, un véritable ami de la vertu & de l'humanité, un génie original dont la maturité nous donnera fans doute quelque jour un des plus énergiques & des plus zélés défenfeurs de la patrie.

B

il a une ame forte & indomptable ; comme lui ; il a des vertus antiques & féveres. On pourroit peut - être cependant lui reprocher un amour exalté pour tout ce qui reffemble à la liberté ; l'enthoufiafme (1) dont il fait un éloge fi féduifant dans fon meilleur ouvrage, eft aveugle. Il eft dangereux, puifque fon principal effet eft d'entraîner, il peut égarer. Les plus grands hommes

---

(1) Les effets les plus ordinaires de l'enthoufiafme font d'égarer la raifon, ou au moins, d'altérer la force, d'ôter la préfence de l'efprit, de troubler, en bouleverfant notre organifation, ce calme précieux de l'ame qui en maintient la pureté ; il la confume en défirs, en efforts que notre fituation, que les circonftances rendent le plus fouvent inutiles. Il met la vertu dans l'imagination, & nuit à la vertu réelle ; à celle qui eft toujours active, & qui s'appuye fur le fang - froid & la patience.

Voilà pourquoi prefque tous les écrivains, qui n'ont pas été ramenés à la nature, rappellés à eux-même par le malheur, font plus amis de la vertu que vertueux. L'enthoufiafme fait les fanatiques & conduit à tous les genres de folie. Il met le poignard à la main de *Séïde* & le délire dans la tête de l'infortuné..... La vertu & le génie doivent donc s'en garder. Malheureux cependant qui n'a pas fenti quelquefois l'enthoufiafme : il aura rarement de la vertu & du génie.

B

ſont ceux qui ſavent ſe modérer, qui peuvent ſe commander, qui veillent toujours ſur eux-mêmes, en ſe livrant aux ſentimens les plus généreux, & juſque dans l'exercice de la vertu.

Dès ſa jeuneſſe, M Briſſot de Warville a conſacré ſes travaux au bonheur de l'humanité.

La *théorie des loix criminelles*, eſt je crois le premier ouvrage qui l'ait fait connoître; on y trouve des morceaux pleins de cette éloquence qui part d'un cœur profondément ſenſible aux maux de l'eſpece humaine, & pénétré du deſir de les ſoulager. C'eſt l'ouvrage d'un jeune homme qui manque de connoiſſances, qui n'a pas éncore bien dgéré celles qu'il a acquiſes; il ſe livre à des déclamations inconſéquentes; on y remarque quelques principes exaltés & dangereux; mais c'eſt l'ouvrage d'un jeune homme qui promet beaucoup; c'eſt le coup d'eſſai du génie, c'eſt *Hercule* étouffant les reptiles qui entourent ſon berceau. Voilà du moins l'avis le plus général ſur cet ouvrage, & à quelques modifications près, le jugement qu'en a porté un des adverſaires même de M. Briſſot.

Il a tenu ce qu'il promettoit, non pas cependant encore dans ſes *méditations pour parvenir*

B

à la vérité, autant que j'en ai pu juger par quelques extraits, & en la parcourant rapidement,
c'eſt un véritable ouvrage d'écolier, où on ne
trouve aucun principe ; c'eſt un recueil de *doutes
prétendus philofopiques*, qui ne menent à rien.
A l'exemple des illuſtres du fiecle, fous la férule
defquels il paroît que l'auteur trembloit encore,
il détruit beaucoup, & n'édifie pas ; ce qui n'eſt
gueres le moyen d'être utile.

Ne jugeons pas un homme fupérieur fur fes
premiers ouvrages, dans lefquels il fe tâte pour
ainſi dire, & aiguiſe la lime du génie ; laiſſons
de côté ces eſſais informes, utiles fans doutes,
puiſqu'en l'exerçant à penſer & à écrire, en le
formant par les jugemens infaillibles de l'opinion
publique, ils l'ont mis fur la route des grands talens & de la vérité. Refpeᴄtons *Alexandre* & la
Thébaïde : fans ces maigres efquiſſes, nous n'au-
rions peut-être pas eu les tableaux achevés du
peintre d'*Andromaque*, de *Britannicus*, & de
Phédre.

C'eſt l'Angleterre qui a commencé à développer
le *grand moi*, dans M. B. de W. C'eſt-là qu'il a
pris fon eſſor ; là fon caraᴄtere s'eſt déployé ; fon
génie a pris une marche fûre, & fon talent de
l'originalité.

B

C'est à son séjour en Angleterre que nous devons le *Journal du Licée de Londre*, Journal qui nous a fait connoître les écrivains les plus intéressans dont s'honore la *politique angloise* ; les *Price*, les *Macaulay*, les *Priestley*, &c. &c. L'inquisition ministérielle arrêta ce Journal, lorsque l'Auteur, par des notices *des livres anglois* les plus utiles & les moins connus dans le Continent, notices qu'il accompagnoit toujours d'observations neuves & profondes, qui lui servoient de texte pour développer les grands principes de la morale & de la politique, s'attachoit à le rendre, de jour en jour, plus essentiel à ceux de ses compatriotes qui ne connoissoient pas la langue angloise.

Son *Tableau des affaires des Européens dans l'Inde*, ouvrage estimé, est encore une production qui doit le jour à ses travaux dans cette isle célebre.

A son retour en France, paroissoient les Voyages d'un marquis philosophe, connu par un ouvrage où l'on trouve des principes faux, des erreurs dangereuses, & d'excellens morceaux. Dans ce voyage, sa vanité aristocratique & militaire, sa plume inconséquente s'étoit amusée à persiffler ses hôtes, à dénigrer les Américains, à tourner en ridicule la

dignité

B

dignité de l'homme & du peuple, à badiner fur l'efclavage des nègres. M. B. de W. a levé, fur l'écrivain petit-maître, la maffue d'Hercule, & l'a écrafé. Dans cet examen critique, il déploye une véritable éloquence : il défend l'homme, le peuple, les nègres & les *quakers*, contre les farcafmes perfides de l'ariftocrate voyageur, avec toute l'énergie d'une ame pénétrée de la dignité de l'homme, enthoufiafte de la vertu (feul enthoufiafme pardonnable), révoltée contre toute oppreffion, profondément fenfible aux maux de fes femblables : il y montre une grande nobleffe de fentimens, une grande fierté de principes, une morale inflexible & pure : par-tout fon ftyle refpire *cette haîne vigoureufe que doit donner le vice aux ames vertueufes.* C'eft une de ces critiques qui font la réputation d'un écrivain, & qui valent un ouvrage. De tous ceux de M. B. de W. c'eft celui où les principes d'une morale pure & d'une faine politique font le plus éloquemment développés, fans écart & fans mélange ; c'eft celui où fa maniere a le plus d'originalité, fon talent le plus de vérité & de naturel, où fon ame fe montre le plus conftamment dans toute fa franchife énergique.

Dans prefque tous ceux qu'il a donné depuis,

I

B

on trouve quelques principes erronés, trop de fé-
cherefle & d'âpreté, trop d'engoûment pour un
certain fantôme de liberté, trop d'attachement aux
formes de gouvernement (1), l'auteur y oublie

---

(1) La principale caufe de l'inutilité des anciens états-
généraux, felon M. Briflot de Warville, étoit l'impoffibilité d'amener les trois ordres à des réfolutions communes, à un vœu commun; cette impoffibilité fe trouvoit encore plus, felon lui, dans la forme des délibérations, que dans la féparation de leurs intéréts, & dans
la contrariété de leurs prétentions.

M. de Warville fe trompe; c'étoit la féparation des
intéréts, la contrariété des prétentions qui amenoient au
contraire les mauvaifes formes dans les délibérations
L'intérêt particulier vouloit délibérer par ordre, parce
qu'il craignoit de voir dominer dans la délibération en
commun l'intérêt général. M. Briflot de Warville a beau
dire que dans les délibérations en commun il y avoit
plus de tumulte, & que les prétentions diverfes s'y cho-
quoient davantage ; il n'a pas bien confulté l'hiftoire des
Etats-Généraux, où l'on a délibéré en commun.

Il y auroit vu, que c'eft en délibérant en commun,
qu'en 1483 les repréfentans de la nation avoient commencé le grand ouvrage du bonheur de l'état, & pris de fages
mefures pour nous donner une conftitution.

C'eft cette affemblée de 1483, opinant par tête, qui

B

quelquefois les grands principes , & donne trop
d'importance à l'organifation de ce méchanifme ,

---

rétablit la pragmatique , qui réduifit à un nombre fixe
& modéré les troupes *ftipendiées* , qui avoit obtenu une
feconde convocation d'états , & en avoit fixé l'époque
à deux ans. Nous avions une conftitution par fes foins ,
fans l'entêtement jaloux de quelques provinces pour leurs
privileges , qui fervit au miniftere à éluder la convocation promife.

M. de Warville fe laiffe auffi quelquefois un peu féduire , à ce qu'il me femble , aux apparences.

Plan de conduite. ,, *Je dois rendre cette juftice à mon*
,, *pays. Je n'ai point vu , même en Amérique , tant*
,, *d'auteurs animés du même efprit ; j'y ai vu des pa-*
,, *triotes défintéreffés , infatigables* ; (en trouveroit-on
,, beaucoup ici ?) *j'y ai vu le bon fens régner par-*
,, *tout* , (que vouloit-il donc voir de plus ?) *& prefque*
,, *tous les citoyens bien inftruits de leurs droits* (nous
,, n'en fommes pas encore tout-à-fait là). *J'ai vu des*
,, *hommes au-deffus de celui de Montefquieu; mais ils font*
,, *en petit nombre.* (Il y a fûrement des livres au-deffu:
,, de Montefquieu , mais je ne crois pas en effet , qu'il
,, y ait encore ni qu'il y ait jamais beaucoup d'hom-
,, mes au-deffus de lui.) *Le fens commun & le fédéralifte*
,, *ont eu beaucoup de lecteurs & peu de rivaux* ,,. Mais
ne font-ce pas les états les plus heureux que ceux où
très-peu d'hommes fe mêlent de guider les autres , & où
tous les autres font éclairés ? Ne font-ce pas les pays

B

qui ne fait, pour ainſi dire, que le jeu des ſociétés politiques : il y prend quelquefois le rêve du bonheur, le délire de la liberté pour le bonheur & la liberté mêmes.

---

les plus heureux que ceux où tout le monde reſte à ſa place ? La nature fait-elle beaucoup de ces hommes dont la vocation eſt de guider & d'éclairer leurs ſemblables ?

Aſſurément il y a des lumieres & du patriotiſme parmi nos écrivains. M. de Warville, par exemple, a fait ſes preuves, & il n'eſt pas le ſeul dont on ait négligé les patriotiques talens. Ce petit ouvrage fait ma profeſſion de foi à cet égard ; mais le patriotiſme qu'éclaire la vraie vertu, c'eſt-à-dire, la ſageſſe & l'humanité, n'en eſt pas moins rare. Il n'accompagne pas toujours parmi nous les plus grands talens, la mode & l'opinion qui ſe ſont tournés tout-à-coup vers les objets d'intérêt général, le deſir de ſe faire une réputation inſpirent au moins autant d'écrivains que le patriotiſme.

M. de Warville a mis lui-même, dans un autre endroit de cet ouvrage le contre-poids de cet éloge.

» *La plus ſage aſſemblée n'eſt pas celle ou trois ou*
» *quatre orateurs peuvent éblouir par de belles phraſes ;*
» *mais celle où la majorité eſt compoſée d'hommes de*
» *bon ſens, qui peuvent bien ſaiſir une queſtion, en*
» *concevoir les rapports & les exprimer ſimplement* «.
J'ajouterois : & où on ne voit jamais la mauvaiſe foi de la vanité, ou de l'improbité, chercher à obſcurcir la vérité.

B

Il me semble qu'il n'a pas encore regardé assez avant dans l'abyme du cœur humain, quand il juge du bonheur ou du malheur des hommes : il se trompe encore quelquefois sur les véritables signes : il prend encore quelquefois des effets pour des causes, des conséquences pour des principes.

De-là, dans son livre *de la France & des Etats-Unis*, une trop grande indulgence pour le commerce, quelques principes d'une morale relâchée sur son utilité, sur les achats & les ventes à prix exorbitant, &c. &c. &c. On ne retrouve plus là sa morale ferme & sévere. Il compose avec le vice ; il perd de vue les bornes dans lesquelles la probité publique doit renfermer certaines professions, l'exclusion qu'elle donne à certains travaux, les limites qu'elle doit poser à l'industrie dans tous les genres ; il oublie quelquefois le bonheur réel des hommes, la félicité de tous, ou au moins du plus grand nombre, pour ne songer qu'à la prospérité passagere, à l'éclat, à la force extérieure des empires, comme si un empire pouvoit être vraiment heureux, quand il n'y a que de la misere pour la plus grande partie des individus qui l'habitent.

De-là, les principes exaltés, l'âpreté de ses *Observations d'un républicain sur les administra-*

B

tions provinciales de MM. Turgot & Necker (1).

Il s'y bat, comme la foule des écrivains politiques, contre le despotisme d'un seul, ce vain épouvantail dont les aristocrates ont de tout temps effrayé les nations. Il dirige sa lance redoutable contre les usurpations seules du pouvoir exécuteur : il ne voit plus qu'en énervant l'autorité ; il ôte aux peuples leur seul appui contre les usurpations sourdes & constantes de ces individus, *de ces classes qui s'élevent dans toutes les sociétés (pour faire leurs affaires séparément & aux dépens du reste des citoyens* (2) : il ne voit plus que ces usurpations sont les plus terribles de toutes, parce qu'elles tiennent aux vices, dont le germe est dans le cœur humain, à la nature compliquée de l'homme qui ne fait point s'arrêter, qui ne fait point modérer ses desirs : il ne voit plus qu'en *concentrant dans quelques mains tous les moyens de jouissance, elles arrachent au plus grand nombre ses moyens*

---

(1) Il a lui-même reconnu & condamné ces défauts. Voyez son *Plan de conduite.*

(1) Voyez M. Rabaut de Saint-Etienne, *Confidérations fur les intérêts du Tiers-Etat,* par un propriétaire foncier.

B

de ſubſiſtance ; & qu'en diviſant un peuple en deux corps également malheureux, l'un par ſes vices, l'autre parce qu'il en eſt la victime, celui des tyrans & celui des eſclaves, elles étouffent ainſi dans tous, par la méchanceté des uns & la miſere des autres, juſqu'au ſentiment de la liberté.

Son plan de conduite *pour les députés du peuple aux états-généraux de 1789*, ne ſe reſſent que très-peu de ces préjugés : il annonce des connoiſſances profondes & la *maturité du génie*. C'eſt un ouvrage excellent, plein de ſageſſe & de vues utiles. La rapidité avec laquelle il a été compoſé, prouve dans l'auteur une facilité incroyable, une aptitude rare à traiter ces objets importans. C'eſt celui de tous les ouvrages du moment où il y a le plus d'enſemble dans les principes, d'unité dans le but, de liaiſon dans les formes projettées ; c'eſt le plan, qu'à quelques modifications près, je déſirerois voir adopter par les repréſentans de la nation: d'où vient cependant, dans cet ouvrage même, l'eſpece de moleſſe avec laquelle M. de W. défend la cauſe des nègres contre les planteurs.

Je veux que les planteurs ne puiſſent être taxés ſans leur conſentement ; mais eſt-ce à M. de W. à mettre quelque intérêt à la cauſe de ces tyrans ?

I 4

B

Qu'eſt-ce que cette reſtitution graduelle des droits des nègres dont il nous parle? N'eſt-ce pas là encore une de ces idées qui tiennent à l'exagé-ration de la liberté?

Peut-on trop ſe hâter de la rendre à des hommes opprimés; de leur donner des propriétés pour aſ-ſurer leur ſubſiſtance?

Eh quoi! laiſſerez-vous languir dans ce dénue-ment, dans l'inquiétude continuelle qui tourmente l'homme ſans propriété, ſans profeſſion libre, qui ſoit pour lui un moyen aſſuré de ſubſiſtance, des hommes que vous avez arrachés au ſol toujours doux de la patrie, pour les courber ſous le rude collier de l'eſclavage?

Que parlez-vous de *ménagement pour les pro-priétés* de tyrans qui ne vivent, depuis des ſiecles, que du vol qu'ils font à des milliers de malheureux, de la propriété ſacrée de leur liberté & de leur vie? Des hommes qui violent ſans remords, & même ſans ſcrupule, les plus inviolables de tous les droits, en ont-ils à l'attention du philoſophe, aux égards de la patrie? Non, non, le fouet dont le cruel colon déchire les reins du malheureux nègre, dé-chire des mêmes coups les nobles enſeignes de la liberté; le genre-humain repouſſe ce monſtre avec

B

horreur, parce qu'il a étouffé dans son cœur tous les sentimens de l'humanité.

Que celui qui a banni toute pitié, cesse donc de réclamer notre justice ; elle ne lui devroit que des fers ou un poignard, pour s'en délivrer. Par-tout où il y a des maîtres & des esclaves, il n'y a plus de citoyens, il n'y a plus d'hommes.

A cette circonspection timide, on ne reconnoît plus le fléau de M. de Chatellux.

Quoi ! M. de W. suppose un instant que des planteurs pourroient être admis aux états-généraux (1) ! Il s'occupe de leurs prétentions ; il se donne la peine d'examiner leur système de représentation ; il cite sans indignation le froid & lâche

---

(1) Ils le font cependant ; mais ils doivent plutôt leur admission à l'occasion qu'ils ont saisie pour se présenter, qu'à la conscience de l'assemblée. Je sais que bien des membres opinoient pour les exclure ; c'est mon opinion, & leur admission ne sauroit la changer. Des tyrans dont on doit étouffer pour jamais la tyrannie, peuvent tout au plus se présenter à l'assemblée nationale comme parties ; mais ils n'ont jamais dû y être admis comme juges, puisque c'est alors les rendre juges dans leur propre cause. Au reste, il faut espérer que dans une assemblée de *citoyens* leur influence ne nuira jamais aux malheureux esclaves.

B

calcul des Américains (1), qui ne rougiffent pas de voler aux nègres une partie de leurs droits politiques, parce qu'ils leur ont volé tous leurs droits civils ; à peine ofe-t-il laiffer échapper de fa plume refpectueufe un mot d'improbation.

Il fe permet auffi le prétexte de la dégradation des nègres, qui eft notre ouvrage, pour leur refufer la reftitution prompte & entiere de leurs droits.

Ne fe laffera-t-on jamais de défendre des injuftices par des raifonnemens ridicules, par des mots vuides de fens?

Que veut dire cette figure de rhétorique, avec laquelle des hommes pleins de génie, de vertu & d'humanité prêtent, fans le vouloir, des armes à la tyrannie : « La liberté eft un aliment trop fort » pour certaines ames, elles ne pourroient le digé» rer ; il faut les y préparer par dégrés (2) »? Eh !

____

(1) Les Américains ont calculé que les Negres, ayant perdu à-peu-près deux cinquiemes d'hommes, il falloit leur ôter trois cinquiemes de citoyens.

(2) Qu'on ne fe preffe pas trop de m'accufer de contradiction. J'ai fait fentir en parlant de notre peuple, qu'efclave par fes vices & par fa miferes, il ne pouvoit exercer le pouvoir qu'on nomme *conftituant* ; mais je ne parle pas non plus de le confier aux negres affranchis.

B

ceſſez donc de répéter ces abſurdités dont vous payent les oppreſſeurs.

Quoi ! l'oppreſſion ſeroit donc un titre, ou du moins un motif pour la continuer ? Hé, rendez,

---

Prenez garde d'ailleurs de confondre les effets du vice avec ceux du malheur & de la contrainte : un eſclave dans ſes chaines s'agite pour les ſecourir , on n'a à craindre de lui que le délire du deſeſpoir , ſes égaremens annoncent encore de l'énergie ; mais à la làcheté invétérée par la longue habitude de tous les vices , il n'y a pas de remede.

D'ailleurs les Américains ne ſont point corrompus comme nous, qui ſommes au dernier dégré de la dépravation. Les grandes propriétés n'ont point encore éteint chez eux juſqu'au ſentiment de la liberté ; ils ont au contraire une grande étendue de terres à faire défricher ; ils peuvent les diſtribuer aux negres. Or, dès qu'un homme eſt propriétaire , il peut & doit jouir de tous les droits de la cité.

Quant à nos Colons , ſi la contagion de leurs vices a gagné les negres nés ou habitués dans leurs Iſles , ce ne peut être une raiſon pour refuſer à préſent aux *maîtres* , comme aux *eſclaves* , les droits de citoyen ; mais il faut affranchir les eſclaves , & repartir le plus également poſſible entr'eux & leurs maîtres ce que ces derniers oſent appeller leurs propriétés ; comme ſi des hommes avoient pu être jamais à vendre ; comme ſi un contrat , fait au

B

rendez promptement à l'efclave le droit de difpo-
fer de fa vie, de fa liberté, de toutes fes facultés ;
hâtez-vous de lui donner, pour le nourrir lui & fa
famille, la propriété que vous lui devez, vous
verrez fi fon cœur ne lui fournira pas encore les
larmes de la reconnoiffance, fi l'efclavage aura
éteint en lui les fentimens de la nature, fi le fentiment de fon bonheur ne le liera pas éternellement
aux hommes juftes & humains de qui il le tiendra,
à ceux qui l'auront relevé jufqu'à eux, qui lui auront créé une patrie. Voyez les nègres affranchis
par Bénezet & les quakers, au nom d'un Dieu de
paix. Confultez le cœur humain ; ah ! tous les fentimens bons & généreux y reftent en réferve ; ils
fe raniment à la voix de la bienfaifance.

Rendez la vie à des hommes, la liberté à vos

---

mépris des droits les plus facrés, pouvoit avoir quelque
validité.

Il faut que l'autorité fuprême de la mere patrie fe
hâte d'annuler des conventions faites entre la force pour
opprimer la foibleffe, s'empreffe de rétablir entre les
oppreffeurs & les opprimés l'équilibre de la juftice, qu'elle
les éleve tous promptement au rang d'hommes pour les
élever enfuite au grade de citoyen.

B

semblables ; à des hommes libres, une cabane pour
y établir leur domicile ; à des bras accoutumés à la
fatigue, des terres pour les défricher & se nourrir ;
à des cultivateurs, à des peres de famille, tous les
droits de la cité, & vous verrez leurs visages s'épa-
nouir ; sur leurs fronts, dans leurs regards, se dé-
ployer une joie pure, se retracer l'expression depuis si long-temps effacée du bonheur & de la paix ;
le zele, l'activité, le patriotisme, renaître avec
l'esprit de propriété ; & quand vous jouirez des
doux fruits de cette concorde fraternelle, rétablie
par vos soins, entre des hommes que l'esclavage,
ce crime contre les loix & contre la nature, sépa-
roit, comme un mur d'airain, vous n'aurez point
à vous repentir de votre humanité ni de votre
justice.

Dieu me garde d'imputer un moment de tiédeur
& d'oubli au cœur de M. de W. Non, je ne
doute pas un instant de son humanité ; mais il me
semble quelquefois que certaines causes étrangeres
lui ôtent quelque chose de son énergie ; que certains principes donnent le change à son cœur,
ôtent quelque chose à sa sensibilité naturelle, à son
originalité.

Le génie doit rester seul. Une grande réserve

B

lui eſt toujours néceſſaire : il eſt comme l'amitié
& la vertu qui n'admettent point une familiarité
ſans bornes. La vertu & le génie ne doivent pas
ceſſer un inſtant d'être eux-mêmes : leur pureté,
leur perfection tient à la fermeté d'un grand caractere, qui ne ſe maintient que par la ſolitude
de l'ame : les corps, les ſociétés, les liaiſons trop
étroites ſont au caractere d'un écrivain ce qu'eſt
au fer le frottement des matieres hétérogènes : elles
le rouillent & le dénaturent. Chacun doit garder
ſa maniere, ſon allure naturelle, pour conſerver
à ſes ſentimens leur pureté, leur vérité, à ſes
vertus leur énergie, à ſes principes leur invariable
fermeté. L'homme de génie doit ſe garder de les
mêler aux ſentimens, aux vertus, aux principes
d'autrui. Les aſſociations, les collaborations littéraires ont toujours été les fléaux des vertus &
des talens. Le génie reçoit les conſeils, mais il
les juge ; il compare les idées d'autrui, mais il
ne les admet jamais en ſociété avec les ſiennes.
Homere, Platon, Montaigne, Bacon, Fénélon,
J. J. Rouſſeau, M. de St. Pierre, ont toujours
travaillé ſeuls.

De là l'éloignement de tous les hommes de
génie vertueux pour toutes les ſociétés, les corps,

B

les affociations littéraires. Ils fentoient combien il eft difficile de conferver fon opinion, fes fentimens, dans le choc de tant d'opinions, de fentimens oppofés ; combien il eft difficile qu'entre deux hommes même il n'exifte pas quelqu'incompatibilité d'humeurs, quelque raifon d'éloignement dans la maniere de voir, de fentir & de penfer ; combien il eft difficile enfin qu'en recevant trop fréquemment l'impreffion des fentimens & des idées etrangeres, d'être toujours fur fes gardes, pour ne pas fléchir, de ne pas céder fouvent à fa paffion ou à celle d'autrui.

Voilà pourquoi je vois avec peine l'affociation de M. B. de W. avec M. *Claviere*. L'union eft douce pour les cœurs que rapprochent l'eftime & l'amitié ; mais elle ne doit jamais s'étendre jufqu'aux efprits ; ce mélange ne peut que leur nuire. Je n'aime pas non plus voir un homme tel que lui fur le même banc où s'afféyent des planteurs. Enfin fes liaifons avec les Anglois lui avoient infpiré pour toutes les productions, pour tous les prétendus patriotes de cette ifle, un enthoufiafme dont il paroît être bien guéri depuis fon retour d'Amérique.

Je me fuis beaucoup étendu fur ces réflexions

C

parce que je les crois de la plus grande importance.

M. de Warville eft un des écrivains qui ont le plus de droit à mon eftime, à l'eftime publique. Il eft du petit nombre des hommes nés pour nous être utiles, pour nous éclairer, &c. C'eft pour cela que je voudrois qu'il fût tout-à-fait lui-même; qu'il fût tout ce qu'il peut être, qu'il ne frottât point tant, fi j'ofe ainfi parler, fa tête contre d'autres têtes, qu'il ne s'empreignît point tant des idées d'autrui. Je me permets de l'inviter à y réfléchir.

Il eft trop bon patriote pour s'offenfer de ces obfervations peut-être exagérées, peut-être ridicules, qui ne diminuent rien de ma confiance en fa perfonne, de mon eftime pour fes écrits.

Je vois déjà avec plaifir, dans fon *plan de conduite*, qu'il a jugé les Américains avec moins de prévention, qu'il a rapporté de leur commerce plus de fang-froid, qu'il commence à fecouer les préjugés de l'admiration.

Ce bel ouvrage fait attendre avec impatience fon traité fur la conftitution; j'oferai cependant l'inviter à le mûrir long-tems en filence. Les circonftances exigeoient que fon *Plan de conduite*

parût

B

parut promptement ; mais, comme il l'a dit lui-même, rien n'oblige de travailler ſi vîte à la conſtitution. Rien, au contraire, ne ſeroit plus dangereux qu'une conſtitution incohérente dans ſes parties, qui ſeroit l'ouvrage de l'imprudence & de la précipitation.

Qu'il me permette auſſi de le rappeller aux grands principes, dont il me ſemble qu'il s'eſt écarté quelquefois ; de l'engager à ſe tenir en garde contre l'effet de certaines études, de l'abus du raiſonnement, contre l'illuſion des théories : à force de raiſonner, on parvient à ne plus ſentir, & il n'y a pas d'autre *preuve*, d'autre *baze* de la morale que le *ſentiment*.

C'eſt de la pureté des cœurs, de la ſenſibilité dirigée par la raiſon, modérée par la patience, que dépend le bonheur de l'homme, le bonheur du genre humain.

Ce ſont la religion & la pitié, ces inſtinᴄts ſacrés que la divinité a mis au fond de nos ames, qui maintiennent parmi les hommes cette union, cette bienveillance univerſelles, qui ſont les ſources de leur félicité, les principes de leurs vertus.

Ainſi la politique ne doit être que la morale

K

B

de l'individu appliquée aux sociétés : ainsi sans des mœurs saines, point de bonnes loix, point de bonheur public. Partout, où les sentimens de la nature seront étouffés, *les droits de l'humanité violés par la propriété*, ameneront *le viol des droits de la propriété*. Par-tout ou la morale publique ne sera point appuyée sur la morale privée, dont la religion & la pitié sont les bases, la ruse s'opposant aux usurpations de la violence, au déreglement des desirs, au débordement des passions ; le vice sera constamment la réaction du malheur, & avec des loix sages, avec des formes de gouvernement savamment combinées, avec une constitution parfaite en apparence, *le plus grand nombre* gémira sans remede sous la tyrannie du plus petit. Les loix, le gouvernement, la constitution ne serviront qu'à défendre, qu'à consacrer la cruauté des oppresseurs, la servitude & la misere de la foule opprimée.

La balance des propriétés & l'éducation, voilà donc les deux grands pivots sur lesquels doit rouler l'édifice d'une bonne constitution.

Sans une bonne éducation, les sentimens de la nature s'obliteront, il n'y a ni religion, ni pitié, ni mœurs, ni bonheur, ni vertu.

Sans la balance des propriétés, il n'y a poin
d'éducation, parce qu'il n'y a point de maîtres,
la richeffe corrompt & endurcit les uns, la mifere dégrade & avilit les autres.

Il faut donc attaquer par-tout les grandes propriétés, & détruire, s'il eft poffible, toutes les
caufes qui, dans un état, en favorifent l'augmentation au-delà de ce qui eft néceffaire à la fubfiftance affurée de la famille la plus étendue.

Les caufes morales & premieres font l'ambition,
la cupidité, le defir de fe diftinguer, le luxe,
ou l'amour des jouiffances factices, fruits de notre
éducation jaloufe, intolérante, impie & immo-
rale.

Les caufes phyfiques & fecondes en France
font :

D'abord, la vénalité, la plus féconde de toutes.

La facilité de gains qu'offre le commerce, dès
qu'il ne fe borne plus à l'échange du fuperflu contre
le néceffaire, toutes les induftries illimitées & les
frivolités coûteufes qu'elles fourniffent au luxe,
ce qui en perpétue l'habitude & le goût.

Le célibat des prêtres, les fuperftitions religieufes, d'où naiffent la débauche, l'hypocrifie &
l'impiété.

Le malheur domeftique des femmes, la dépravation, le dur égoïfme, le defpotifme des amans,

B

des époux & des peres qui les précipitent dans le vice.

Leur oifiveté ou leur trop grande liberté qui, en facilitant les jouiffances, en produifent le dégoût, multiplient les befoins avec les defirs, produifent ou alimentent le goût des plaifirs coûteux, frivoles, l'égoïfme & l'immoralité.

Les priviléges, les diftinctions, l'efclavage des champs, les droits deftructeurs, l'infolence & la baffeffe introduites par la féodalité.

Toutes les loix, toutes les mœurs, fuites funeftes de l'efprit d'ariftocrafcime, le code civil, le code criminel, le code des chaffes, &c. &c. &c.

L'affermement des impôts, les annobliffemens, les emprunts, l'agiotage, &c. &c.

D'où il fuit que les vices produits par notre éducation, empêchant la balance des propriétés, & les grandes propriétés, la réforme de l'éducation ; il faut une puiffance dans l'état qui détruife peu à peu les grandes propriétés & qui favorife les petits propriétaires, dont l'éducation eft bonne, dont les habitudes font faines.

S'il y a quelque reffource pour nous, quelque motif d'efpérer la reftauration graduelle de la patrie, ce n'eft pas parmi les lumieres & les

B

heureux du fiecle qu'il faut les chercher ; il faut
fuir loin de la cour, de la capitale, des villes
& des villages où le célibat monaftique & militaire ont femé la débauche, le mépris de la
religion & la corruption ; c'eft dans le cœur des
fimples, dans l'ame pure des pauvres cultivateurs, des pauvres artifans & des miférables
journaliers que repofe le germe des vertus, de
la liberté & de la félicité publique.

Parcourez certaines provinces de France & fur-
tout les campagnes folitaires, les hameaux dé-
ferts, éloignés de la fange des villes, & dans
les claffes opprimées, malheureufes de la fociété ; à
côté d'un travail ingrat & perpétuel, de la douleur & de la mifere, vous trouverez les plus
pures & les plus étonnantes vertus ; la probité,
l'humanité, la confiance en Dieu, la charité,
la pratique des devoirs de la religion fans aucun
motif de refpect humain, le courage & la patience,
des ames fortes & fenfibles, faites pour le bonheur & la liberté.

Examinez les habitudes & les penchans de
l'homme de la nature ; comparez à ce modele
les mœurs, la vie, les habitudes des cultivateurs,
vous verrez que leur éducation & leurs travaux

B

en entretenant la vigueur du corps, en maintenant la bonne difpofition des organes, la modération dans les defirs, la pureté dans les plaifirs,
la paix du cœur, la rectitude des fentimens, de
la confcience & de l'efprit, préparent heureufement leurs têtes & leurs ames pour les vraies
lumières, qu'elles n'attendent chez eux que les
foins paternels de nos légiflateurs pour fe développer.

Qu'ils délivrent les champs de l'efclavage (1) où
les retiennent l'orgueil & l'avidité des ariftocrates ;
qu'ils affranchiffent leurs moiffons de la taille, de la
milice, des corvées, de tous les impôts qui ne
frappant que fur le cultivateur, aviliffent le premier des arts, qui le tiennent pendant toute fa vie
uniquement occupé à lutter contre les horreurs de
la mifere, qui concentrent toutes les facultés de

---

(1) On voit aifément que tout ceci étoit écrit il y a
long-temps ; mais j'ai cru n'y devoir rien changer pour
ne pas rompre la férie de mes idées parmi lefquelles
j'ofe croire qu'il s'en trouve quelques-unes d'utiles, &
dont le rapprochement, abfolument nouveau, fait toute
la force. C'eft un faifceau tellement ferré que je ne puis
en diftraire quelques traits fans le rompre.

B

fon ame dans le cercle des befoins phyfiques, ruinent fon corps par l'excès du travail.

Que , jufqu'au plus mince payfan , tout homme dans la campagne puiffe trouver dans fon champ, dans fon labeur journalier, une fubfiftance affurée , pour lui & pour fa famille.

Que la bonté du monarque , que l'affemblée lé-giflative leur donnent des affemblées paroiffiales , pour s'accoutumer à difcuter leurs intérêts ; des communautés, dirigées par des magiftrats pris dans leur fein , qui répartiront, qui levéront l'impôt , qui feront chargés de toute l'adminiftration locale , qui protégeront , contre toutes les ufurpations, l'humble chaumiere & les guérets.

Qu'il n'y ait point d'intermédiaires entr'eux & l'affemblée légiflative, entr'eux & l'autorité.

Que fa *toute-puiffante* équité veille directement fur leurs biens, affure les fruits de leurs trayaux.

Qu'elle les honore par de juftes récompenfes.

Qu'elle leur offre, en plaçant des colléges dans les campagnes (1) , tous les fecours d'une éduca-tion plus faine & mieux entendue que celle qu'on

______

(1) Comme l'a confeillé l'auteur *de la Requête d'une Société ruftique à MM. les Notables.*

K 4

B

reçoit dans les colléges de nos villes , d'une éducation dont le but & l'effet soient vraiment de fé-
conder leurs lumieres naturelles & leurs vertus ; de
développer en eux l'humanité & le patriotisme.

Qu'elle accueille le mérite dans cette classe plus
encore que dans toutes les autres, parce qu'il y est
plus pur & plus utile.

Que la carriere des honneurs , des charges , des
emplois leur soit ouverte, comme à tous les autres
citoyens ; & quand , à l'ombre de la royale égide ,
ils ne seront plus circonscrits, enchaînés, ni avilis,
vous les verrez montrer toutes les grandes & utiles
vertus ; vous les verrez, par une probité intacte ,
par la droiture , la pureté de leurs cœurs , par
l'énergie de tous les sentimens généreux , par leur
fier & mâle désintéressement, la chasteté de leurs
mœurs , leur piété sincere , régénérer bientôt la
France, abâtardie & corrompue.

Ce sera vraiment alors que se fera sentir cette
force des choses, qui, quoiqu'en attende actuellement M. de W. , ne peut, dans un pays aussi
corrompu que le nôtre , avoir dès-à-présent une
grande influence pour le bien commun.

J'ose l'inviter à méditer ces idées ; de nouvelles
réflexions sépareront peut-être dans sa tête des grands

B

principes dont il paroît nourri , quelques idées con-
tradictoires, qu'une vieille admiration ou l'alliage
des principes d'autrui y auront fans doute mêlés (1) ;
elles lui ouvriront peut-être entiérement les yeux
fur les dangers d'un commerce trop étendu , & de
toutes les induftries illimitées , fur l'immoralité de
la profeffion de commerçant en elle-même , fur
l'indifférence des formes de gouvernement pour le
bonheur d'un état , fur l'inutilité de tout cet écha-
faudage politique , lorfque l'édifice manque par
les fondemens , fur le danger des corps & de toutes
les affociations , &c. &c.

Voici à-peu-près la lifte de fes ouvrages , que
l'on peut confulter.

1°. Théorie des loix criminelles.

____

(1) Je ne conçois pas , par exemple, comment M.
de Warville peut concilier dans fon cœur quelqu'eftime
pour le froid & immoral auteur de l'Efprit, avec fa probité , avec la pureté de fes mœurs, avec fon amour pour
Rouffeau ? Comment Helvetius & Rouffeau peuvent-ils
s'arranger dans la même tête ? La jeuneffe de M. de Warville aura faifi avidement dans cet auteur corrompu fon
enthoufiafme factice pour la liberté ; il n'aura vu alors
dans Helvetius qu'un homme libre, de-là fon admiration
née d'une premiere impreffion fur laquelle il n'eft fûrement pas revenu.

B

2°. Méditations pour parvenir à la vérité.

3°. A ce que l'on croit, le Philadelphien à Genève, où il y a de grandes vérités & beaucoup d'énergie, au milieu de principes exaltés & de quelques injures, bien gratuites, à un Genevois très-estimable.

4°. Journal du Lycée de Londres, avec un *tableau* des affaires *des Européens dans l'Inde*.

5°. Examen critique du Voyage du marquis de Chatellux dans l'Amérique septentrionale.

6°. Du commerce de la France avec les Etats-Unis.

7°. Observations d'un républicain sur les administrations provinciales de MM. Turgot & Necker.

8°. Plusieurs morceaux intéressans, dans un journal auquel il travailloit avec *M. de Mirabeau*, connu sous le titre d'*Analyse des papiers anglais*.

9°. Point de banqueroute, ou Lettre à un créancier de l'état, 1787.

10°. Précis adressé aux électeurs du tiers de Paris.

11°. *Plan de conduite* pour les députés du peuple aux états-généraux de 1789. Avril 1789.

12°. Mémoire aux états-généraux pour la liberté de la presse, & sur-tout des journaux politiques.

13. Plan d'élection pour Paris, &c.

B

Plufieurs petites brochures, dans lefquelles on doit diftinguer : *le mot dit à l'oreille des académi-ciens de Paris, & les trois mots aux Parifiens fur la néceffité de publier les noms des candidats.*

Il rédige actuellement un journal, intitulé : *le Patriote Français.*

C

CERUTTI (l'abbé), ex-jéfuite, auteur de plu-fieurs brochures qui annoncent un grand talent, l'attachement aux vrais principes, & des vertus patriotiques.

Son Mémoire pour le peuple français a eu un grand fuccès, & un fuccès mérité.

Il y a des vues profondes, & l'énergie d'une véritable humanité, dans fa *Réforme du code cri-minel.*

Ses tournures paroiffent prefque toujours origi-nales, fes penfées neuves, parce que fon ftyle êft toujours piquant & plein d'art, fes expreffions toujours faillantes.

Cependant, il eft aifé de voir que l'auteur, ainfi que le préfident du Paty, dans plufieurs endroits de fes Lettres fur l'Italie, cherche à copier la précifion

C

déja affectée, la profondeur, fouvent factice, du préfident de *Montefquieu.* Or, copier la maniere d'un grand écrivain, n'eft pas le moyen de le devenir. La manie de l'imitation eft mortelle au génie (1) : elle l'a bientôt étouffé. Chacun a fa maniere, bonne ou mauvaife. Ayez toujours la vôtre, quelle qu'elle foit ; peu-à-peu le génie, fi vous en avez, la perfectionnera, en fe développant. Si vous n'en avez pas, ayez de la vertu, & ne vous traînez jamais fur les pas d'un autre : elle fuppléera au génie, & vous rendra toujours original.

Il paroît que ces réflexions n'ont point échappé à M. Cerutti.

Car, dans fon *Mémoire au peuple français,* fa maniere, quoique *brillante,* eft plus franche & lui appartient davantage.

On diftingue encore de lui :

Ses *Obfervations rapides* fur la Lettre de l'ex-miniftre, qui n'a pas rougi de flatter tout-à-la-fois le *defpotifme* des ariftocrates & *la licence* de l'autorité, de prêcher *l'abus* de la monarchie.

---

(1) Voyez le meilleur ouvrage d'Young, fes Réflexions fur la *compofition originale,* morceau plein d'originalité & de génie, que tous les écrivains devroient fans ceffe méditer.

C

L'Exhortation à la concorde.

Des Vues fur la conftitution, où l'on trouve en une page (1) la réfutation complette des principes de M. Sieyes fur les biens eccléfiaftiques.

---

(1) Tout le monde a été étonné, & avec raifon, de l'aigreur que M. de Syeyes a montrée dans l'affaire des dîmes, & fans prétendre aucunement attaquer fa probité, il peut nous être permis de dire que l'humeur l'a égaré, & que, comme Montefquieu, il n'a pu fe dépouiller tout-à-fait de fa robe.

M. de Syeyes aura beau dire que le Clergé eft propriétaire, tant qu'il exifte en corps, & qu'il faut le fupprimer pour l'empêcher de poffeder. Il aura beau entaffer fophifmes fur fophifmes en faveur des ufufruitiers.

Un ufufruitier, un homme qui ne peut pas tranfmettre n'infpirera jamais de confiance, parce que, ne tenant à la patrie que par la plus entiere abnégation de foi-même (A), vertu que M. de Syeyes avouera n'être pas commune, fur-tout aujourd'hui, on doit toujours

---

(A) Quand on a fait vœu au pied des autels, dit M. de Bonneville, dans fon hiftoire générale de l'Europe moderne, de n'être jamais époux, jamais citoyen, jamais pere, qu'eft-on alors ?

Ange ou démon.

Il n'y a guercs de moyen terme.

C

On attend de lui un *Mémoire sur les usurpa-tions du clergé*.

---

craindre qu'il n'épuife fes poffeffions pour augmenter fon revenu.

Le Clergé n'eft donc pas propriétaire ; la nation peut & doit donc s'appliquer fes biens, en employer une partie à *falarier* les miniftres du culte public , & l'autre aux befoins réels de l'état ; & pourvu que cette opéra-tion foit faite avec autant de prudence que d'intégrité ; pourvu que les biens du Clergé ne retournent pas aux ri-ches (A), qu'ils foient verfés dans le tréfor national , je ne vois pas comment elle nuiroit au peuple , au lieu de le foulager.

Il eft une autre efpece de biens, dont le clergé n'eft que l'*adminiftrateur* , quoiqu'ils foient compris fous la dénomination générique de biens du clergé. Ce font les fondations & dotations , qui , ainfi que le prouvent les titres , ont eu pour objet le foulagement de la partie in-

---

(A) Ainfi M. de Syeyes a eu raifon de fe plaindre de la conduite de l'affemblée nationale dans l'affaire des dîmes.

Elle devoit , avant de les fupprimer , déclarer tous les biens du clergé mis fous la main de la nation.

Alors la fuppreffion des dîmes n'eût pas été au profit des propriétaires fonciers.

C

Il prépare en outre, depuis long-temps, un grand ouvrage fur l'*Education nationale*. Il ne fauroit

---

digente de la nation. Ces biens ne peuvent appartenir qu'aux pauvres dont le clergé eft l'économe & la nation tutrice.

D'où il fuit qu'el'e ne peut fe les approprier, mais feulement furveiller les adminiftrateurs, ou leur ôter l'adminiftration (A).

Quant au régime féodal que M. de Syeyes réclame pour le fervice du culte public ; je ne vois pas, non plus que M. Cerutti, la raifon de cette préférence. M. de Syeyes prétend que le fervice militaire étoit moins à charge au peuple quand on payoit *en terre* au lieu de payer *en argent*.

Je crois qu'il fe trompe. D'abord il n'y avoit pas de proportion entre le fervice & la récompenfe. Les nobles fe battoient, & pour cela, au lieu d'une paye raifonnable, on leur abandonnoit des propriétés immenfes. Ils recevoient beaucoup & donnoient peu.

D'ailleurs l'impôt le plus défaftreux pour le peuple, ce font les *grandes propriétés* qui, ne lui laiffant qu'une fubfiftance précaire, l'ont bientôt réduit à l'indigence.

Il n'appartient pas à un écrivain médiocre de pronon-

(A) Je dois à l'auteur de *l'Echo de l'Elyfée* quelques-unes de ces réflexions.

C

trop fe dire qu'un pareil ouvrage demande toute l'originalité , toute la force & la profondeur du génie. Si l'écrivain ne fait pas prendre fur les efprits une grande autorité ; s'il ne les entraîne pas par l'afcendant d'une raifon fupérieure , l'ouvrage eft prefque nul , ou au moins le but eft manqué.

---

cer fur les principes d'un homme du mérite de M. Syeyes , Je me permettrai pourtant de dire que fes idées fur la propriété ne me paroiffent pas nettes.

Par-tout il femble pénétré de cette vérité qui eft la bafe de tout bon gouvernement , *que le bonheur du peuple* (A)! *eft la fin à laquelle tout doit* fe rapporter , la grande chaîne à laquelle eft attachée le deftin des empires.

Mais il ne me paroît pas également pénétré de cette autre vérité fondamentale , que la premiere caufe de leur ruine eft toujours la trop inégale répartition des propriétés , parce que , mettant la vie du peuple à la merci de quelques milliers de riches , elle attaque fon premier droit , fon droit imprefcriptible de l'exiftence , l'aliene d'un gouvernement fous lequel il n'y a pour lui qu'oppreffion & mifere , & le fait foupirer après une révolution par laquelle il ne peut rien perdre , & de laquelle il a tout à efpérer.

(A) Plebs multitudo.

CONDORCET

C

CONDORCET (M. le marquis de).

Parce qu'il a fait la Vie de Turgot.

Un ouvrage sur les Administrations provinciales, &c. &c.

Ces écrits annoncent un ami de l'humanité, un vrai philosophe, un patriote éclairé, quoiqu'ait pu dire de sa *Vie de Turgot*, dans un ouvrage plein de fiel, une dame connue par des ouvrages pleins d'intérêt & d'agrément, & où elle *peint* souvent avec un talent bien rare, mais qui, habituée à traiter légérement les plus grands écrivains, & se laissant dominer par l'esprit de parti, a trouvé, dans un écrit sur la religion, le secret de satisfaire, sous le masque du zele, ses inimitiés personnelles.

Au reste, cet ouvrage (1) n'a servi qu'à lui faire beaucoup de tort dans l'esprit des hommes tolérans, en qui l'amour de la religion n'exclut pas la modération, l'humanité ni les lumieres, quand ils l'ont vu défendre avec un acharnement bien peu

____

(1) Il s'y trouve cependant d'excellens morceaux, sur-tout un éloge senti de M. de Saint-Pierre.

C

convenable à fon fexe , les dogmes cruels , l'odieux intolérantifme , & tout ce ridicule *Afcétifme* , qui ont perdu parmi nous la religion , & en ont fait haïr jufqu'au nom à une foule d'ames éclairées & fenfibles , que révoltoient toutes les folies , toutes les atrocités de la fuperftition.

. Ce qui rend M. de Condorcet encore plus cher aux vrais citoyens , que fes ouvrages , parce que l'équité vaut mieux que les plus grands talens , c'eft que , placé par fa naiffance & fes titres au fein de l'ariftocratie , il a fu fouler généreufement aux pieds les intérêts de l'orgueil , les préjugés du rang , qui ont entaché jufqu'à *Montefquieu* , pour défendre , avec un zele vraiment *noble* , la caufe du peuple , contre ces nobles , indignes de ce beau titre , qu'ils ufurpent quand ils veulent être fes tyrans.

Je ne doute pas un inftant , malgré fa qualité d'académicien , qui fûrement n'ajoute rien à fon mérite , ni à l'eftime que lui ont vouée les honnêtes gens , que dans un moment où les réclamations s'élevent de toutes parts contre les priviléges , les ufurpations & l'ariftocratie , il ne foit le premier à appuyer les gens de lettres , qui , libres & fiers comme tout homme de bien doit l'être , veulent

G

délivrer les talens de toute oppreſſion, & rétablir dans la république des lettres, en faiſant pour jamais diſparoître *l'ariſtocratie académique*, cette égalité, cette indépendance, qui en ſont les pre-miers ſoutiens.

Il eſt une autre *ariſtocratie* non moins funeſte aux arts & à la liberté, & je la dénonce à tous les écrivains qu'animent vraiment l'humanité & le patriotiſme. Au nom de la patrie & des droits ſacrés de l'homme, je conjure les Saint-Pierre, les Briſſot de Warville, les Condorcet, tous ces hommes à qui leur génie donne un grand aſcendant ſur l'opinion publique, de la fixer ſur un genre de deſpotiſme nouveau, qui condamne indignement des écrivains du premier ordre à l'obſcurité des travaux les plus pénibles & les moins fructueux.

O cruel effet de la dépravation, de l'égoïſme de notre ſiecle & de L'ARISTOCRATIE DES RICHES ! Une foule de *Créſus*, auſſi avides de réputation, qu'incapables de la mériter ; des écrivains à leur aiſe, jaloux de conſerver ou d'étendre leur gloire ſans qu'il leur en coûte beaucoup de peine ; au lieu de tendre, comme ils le devroient, au talent jeune & indigent, une main protectrice ; au lieu de répandre ſur des plantes vigoureuſes,

C.

dont un appui propice hâteroit la croiffance, les rayons bienfaifans de leur renommée , épuifent leur féve, qu'ils font couler dans leurs propres canaux , & les étouffent d'une ombre mortelle.

Ils s'emparent d'un jeune homme obfcur & fans fortune ; ils l'accablent d'infipides & dégoûtans travaux , & lui font ainfi confumer les plus belles années de fa vie à des ouvrages qu'il a la douleur de voir paffer fous le nom d'un autre , qui fouvent encore les a défigurés.

Le premier infortuné qui manque de pain eft leur victime ; car , que faire avec le germe du plus grand génie, lorfqu'on n'a ni appui , ni argent, ni ami riche , & que l'on ne veut ni ramper, ni flatter ? Mourir de faim , ou fe dévouer.

L'être foible qui, ayant befoin d'illufions douces pour aimer la vie , préfere la gloire à la vertu , & ne veut point immoler fon talent , fe défefpere, & appelle la mort à fon fecours, pour le délivrer de l'oppreffion.

L'homme fage qui a l'ame affez forte pour dédaigner la gloire, & trouver au fond de fon cœur, dans fes vertus, des liens facrés qui l'attachent à la vie, voit fa jeuneffe fe perdre à d'arides études, fa fenfibilité fe flétrir fur des travaux rebutans ; &

C

tel qui avoit reçu de la nature un génie sublime,
tel qui étoit né pour éclairer les hommes, vit obfcur & pauvre, & n'a d'autre confolation que de
leur faire encore du bien toutes les fois qu'il le
peut, que la fatisfaction intérieure que donne une
vie dont tous les jours font marqués par la pratique
des plus pénibles vertus ; fatisfaction que ne peuvent à la vérité lui ravir fes tyrans.

Cette odieufe ariftocratie contriftera-t-elle encore
long-temps les vrais amis de la liberté ? Souffrira-
t-on encore long-temps que le geai force le paon
à le parer lui-même de fes plumes ? J'ofe recom-
mander ces infortunés à la plume patriote de
M. de Condorcet, en qui fi fouvent les jeunes
écrivains ont trouvé un appui & un pere (1).

____

(1) Un jeune homme de la plus grande efpérance qui
a réclamé en faveur des débutans contre l'indigne tyrannie des *entrepreneurs de livres*, avec tout le zele d'une
ame énergique & fenfible, invoquoit déjà pour eux, il
y a quelques années, l'illuftre ami de d'Alembert.

Je citerai ici quelques paffages de fon éloquent *factum*
pour une claffe affurément très-intéreffante, de malheureux dont il avoit lui-même quelquefois partagé les difgraces.

Il y propofoit aux écrivains célebres dont le nom feul

D

DARIGRAND, avocat, rempli de connoiſſances dans la partie des impôts, & d'énergie dans l'ame.

---

inſpire la confiance, aux Buffon, aux Bailly, aux Condorcet, d'entreprendre un *journal* dans lequel, à l'imitation des Allemands, ils auroient fixé l'attention du public ſur les jeunes auteurs auxquels ils auroient reconnu du mérite, par des notices ſur leur perſonne & ſur leurs écrits (A).

Ce projet, dont l'exécution ſeroit vraiment utile à une foule d'infortunés, ſera ſûrement bientôt ſaiſi par quelques-uns de nos écrivains eſtimés.

Si on les voyoit prendre les jeunes adeptes ſous leurs auſpices, » n'iroit-on pas, dit M. de Bonneville, arra-
» cher l'infortuné qu'on opprime à tous ces entrepre-
» neurs avides, qui trompent ſa confiante jeuneſſe, &
» l'épuiſent de fatigues & de veilles par des travaux in-
» dignes de ſon génie.

» Quand ils ont corrigé quelques locutions d'écolier
» retranché des détails de mauvais goût, de ces franches

(A) Le deſir de donner l'exemple, autant qu'il eſt en moi de le faire, eſt un des principaux motifs de cet ouvrage.

Puiſſé-je fixer l'attention publique ſur des jeunes gens dont le mérite eſt ignoré, dont les talens ſont opprimés ; ce ſera pour mon cœur la plus douce des récompenſes.

D

Il eſt connu par ſon intrépidité à défendre les malheureux contre les avides ſuppôts de la ferme.

„ critiques où de puiſſans protecteurs pourroient ſe trou-
„ ver compromis, ils s'approprient, comme de raiſon,
„ un ouvrage qu'ils ont promis de payer ?

„ N'imitons pas le grand nombre, continue cet écri-
„ vain courageux, & ne perdons jamais de vue ces
„ infortunés dont le cœur, toujours malade, eſt avide
„ d'eſpérances. Craignons que, flétris par le malheur,
„ leur courage ne les abandonne, & qu'ils ne meurent en
„ s'écriant comme Brutus : la vertu n'eſt rien qu'un
„ vain nom “.

Enſuite il fait voir que malheureuſement cette crainte
n'eſt que trop fondée, par le tableau déchirant du déſeſpoir & de la mort affreuſe de l'infortuné *Chatterton*,
jeune écrivain Anglois, qui annonçoit le plus grand génie (A) : tableau d'horreur que notre patrie (B) a ſouvent retracé.

(A) Voyez ce morceau touchant traduit par M. de
Bonneville de l'anglois de William Hayley. Eſſais ou
choix de petits Romains, &c., par N. de Bonneville,
à Paris, chez Théophile Barrois & Royez, libraires, un
vol. in-12 1786, & liſez ſur-tout cette préface qui fait
encore plus d'honneur au cœur qu'au talent de ce jeune
écrivain.

(B) Voyez *ibid*, page 36 & 40, où il rappelle le

D

DE FOURCROY , médecin, auteur d'un ou-
vraga eftimé fur l'éducation des enfans.

» J'ai connu, ajoute-t-il, plufieurs de ces infortunés,
» victimes de leur confiance, tout-à-coup fruftrés du fruit
» de leurs travaux pénibles, fans crédit, fans ami , à
» la merci de la premiere propofition qu'on leur pou-
» voit faire.

» Que fera un honnête homme *auquel* on n'a appris
» aucun métier pour gagner fa vie (il pouvoit dire
» même celui auquel on en auroit appris un, car n'eft-
» il pas toujours dans la dépendance des maîtres), qui
» n'a rien, qu'on appelle dans la capitale, qui fe laiffe
» entraîner par des offres féduifantes..... qui n'a pas une
» heure de loifir pour tirer quelqu'avantageux profit des
» plus profondes connoiffances'. ... Qu'on me dife en
» France l'inftitution où , avec du courage , il fera tout
» ce que l'a fait la nature, bon, fenfible & vertueux ?

» Que fi , par hafard , entre les hommes ordinaires ,
» a dit Rouffeau , il s'en trouve quelqu'un qui ait de
» la fermeté dans l'ame , & qui refufe de s'avilir......
» malheur à lui ; il mourra dans l'indigence & dans
» l'oubli · · · · · · · · · · · · · · · · ·

---

fuicide de l'infortuné *Chabril* , auteur d'un ouvrage eftimé fur l'Hiftoire de France. Combien d'autres malheureux dont une atroce tyrannie a caufé le défefpoir. (Gilbert,
Malfilâtre, &c. &c. &c.)

D

Puisque le physique & le moral ont l'un sur
l'autre la plus grande influence, l'étude de la médecine, c'est-à-dire, des harmonies du corps & des
moyens de les conserver, peut conduire un homme

» Frappé de ce nouveau malheur..... je me hâte d'at-
» tirer les regards sur la jeunesse qu'on opprime.... je
» me hâte de porter quelques foibles secours à la jeu-
» nesse dont on avilit le cœur.

» Puisse quelqu'ame sensible, qui aura le pouvoir &
» la volonté d'être utile s'occuper de ce travail. . . .

Puisse un de ces écrivains, qui *font sûrs d'être écou-
tés*, accomplir le souhait de cette ame sensible.....

Hélas ! il n'est que trop vrai que l'homme le plus près
du désespoir, est celui qui, se sentant une ame noble &
fiere, ayant la conscience de son génie & de ses forces,
languit abattu dans le plus pénible esclavage ; celui de
sa pensée qu'enchaînent des travaux inutiles, & souvent
même aussi nuisibles que rebutans, sent à chaque moment sa conscience se révolter, son ame s'indigner, ses
facultés dépérir & s'éteindre, & a sans cesse à pleurer un
ami vivant (A) ?

Non : après les angoisses du remords, il n'en est pas
de plus cruelles. C'est alors que le secours de la divinité est
nécessaire à l'homme pour le consoler & le soutenir dans
l'exercice de la plus pénible vertu.

(A) Voyez Essais de M. de Bonneville, page 25 C. C.

D

vertueux & éclairé à des découvertes utiles fur ceux
d'entretenir les harmonies de l'ame.

DE LA CRETELLE, avocat au parlement.
Tout le monde connoît fes titres.

DE LOLME, genevois, écrivain français, auteur de l'ouvrage de la *Conftitution d'Angleterre*,
ouvrage où il y a de l'engoûment & du fanatifme
pour le fantôme de la liberté ; mais où la légiflation
criminelle de la Grande-Bretagne eft parfaitement
traitée.

Voyez la derniere édition, & l'excellente analyfe qu'en a donnée M. Mallet du Pan dans le
Mercure.

DE L'ISLE DE SALCES.
Je ne parle pas de fa *Philofophie de la nature*,
parce qu'elle renferme des erreurs dangereufes, qui
annoncent le difciple de deux *matérialiftes célebres* (1), qu'on y trouve une maniere d'écolier, &
peu de principes, avec le germe d'un grand talent ;
de très-beaux morceaux ; quelques anecdotes fort
intéreffantes ; & dans celle de Jenny, une preuve
fublime de l'immortalité de l'ame.

____

(1) Helvetius & Buffon.

D

Il n'eſt cependant pas inutile d'obſerver que ce livre, bien moins répréhenſible que tant d'autres ouvrages honteuſement tolérés, a attiré ſur l'auteur une perſécution dont l'exceſſive rigueur a intéreſſé tous les honnêtes gens pour ſa perſonne.

Son droit le plus inconteſtable au nom de patriote, eſt la *Lettre de Brutus ſur les chars modernes*, ouvrage plein d'humanité, quoiqu'il y ait de l'exaltation dans les ſentimens & dans le ſtyle. Il s'y éleve avec force contre une des jouiſſances du luxe qui ont cauſé le plus de maux à l'humanité.

Il feroit cependant douloureux que l'auteur de la *Lettre ſur le danger des chars*, encore loin de la vieilleſſe & de ſes infirmités; que celui qui écrivoit à un ami qui l'avoit prié de lui acheter un cabriolet :

« N'attendez donc pas de moi, Monſieur, ce » qu'il vous plaît d'appeller un ſervice, & ce que » *j'oſe nommer un crime*. Je veux être votre ami » & non votre complice; en un mot, je puis tout » pour vous, excepté *ſervir vos foibleſſes*, trahir » votre confiance, *& vous déshonorer* ».

Que celui qui a écrit :

« L'homme qui aſſaſſine en cabriolet, n'eſt pas

D

» moins funeste à la patrie, que celui qui assassine
» le pistolet à la main..... ».

Risquât cependant, de plein gré, tous les jours
dans ce même char, le plus meurtrier de tous,
d'assassiner un de ses semblables. Ce bruit est sans
doute une calomnie, inventée par les ennemis du
Brutus moderne.

Quoi qu'il en soit, comme son ouvrage peut
faire plus de bien que son exemple de mal, & qu'il
y a lieu d'espérer que l'auteur de la Lettre contre
les chars veille au moins, avec toute l'attention de
l'humanité, à ne causer aucun accident par celui
qu'il conduit ; je présente son nom à la patrie, son
ouvrage à nos législateurs, pour les prier de faire
cesser, par les prohibitions les plus séveres, cette
espece de jouissance atroce, qui risque à chaque
instant, sans scrupule, la vie des hommes, dont
le sang est peut-être plus précieux que toutes les
jouissances de la richesse.

DE LUCHET (M. le marquis de), auteur d'une
Vie de Voltaire, en 6 vol. *in-*8°; d'un Essai sur
la secte des illuminés, &c ; rédacteur du Journal
de la ville.

Ce Journal mérite d'être distingué, par le ton

D

de fageſſe & d'honnêteté qui y regne, par la pureté, l'agrément, l'élégante préciſion du ſtyle,
qualités ſi rares aujourd'hui.

Le rédacteur s'annonce comme le diſciple de
M. de Mirabeau, & ſûrement l'écolier fait honneur au maître. Il nous ſemble cependant que la
reconnoiſſance ne devroit pas faire épouſer aveu-
glément au diſciple le reſſentiment du maître contre
un écrivain dont le talent eſt aimé du public. Les
brochures de M. Cerutti renferment ſûrement beaucoup de paſſages de mauvais goût; mais plus ſouvent encore, elles annoncent des connoiſſances &
un talent qui ne ſont pas donnés à tout le monde.
Amicus Plato ; ſed magis amica æquitas.

DE LAINT-LAMBERT (le marquis de).

Son poëme des Saiſons reſpire une ſaine philoſophie; mais ſon plus beau titre eſt une *Défenſe
des nègres*, pleine d'éloquence & d'humanité.
Puiſſe-t-elle faire oublier la vengeance de l'auteur
contre M. Clément !

DE SAINT-PIERRE (Jacques-Bernardin-Henri),

auteur d'un Voyage à l'Iſle de France, des Etudes
de la nature, de Paul & Virginie, Vœux d'un
ſolitaire.

D

Pour faire connoître autant qu'il eſt en moi cet homme dont le génie & les vertus ſont d'un ordre ſupérieur, à ceux qui n'ont pas lu ſes ouvrages; pour les engager, autant qu'il me ſera poſſible, à les lire, je détacherai ici d'un ouvrage que j'ai abandonné, parce que je l'avois entrepris ſans conſulter mes forces, ma jeuneſſe, & le temps dont je puis diſpoſer, un morceau dans lequel j'avois trouvé le moyen d'inférer une notice ſur ſa perſonne & ſes écrits.

Mon but, dans cet ouvrage, étoit de prouver, à ſon exemple, que nos devoirs & notre bonheur dérivent des ſentimens de la nature & des loix de notre organiſation; que ce ſont là les ſeules lumieres de notre conſcience, les ſeuls motifs purs de nos actions, les ſeules baſes de nos vertus, les vraies meſures de l'eſtime.

Je tâchais, en faiſant ſortir, dans un ordre clair & fidèle, *des ſentimens de la nature, des loix de notre organiſation,* les vrais beſoins de l'homme, ceux du corps & de l'ame, de montrer que chaque individu ayant reçu une portion de la raiſon & de la ſenſibilité univerſelles, cette portion devoit lui ſuffire pour pourvoir à ſes beſoins & lui indiquer ſes devoirs; que l'amour de ſon auteur & de ſes

D

femblables, le travail, le defir de fe voir renaître
dans fa famille, étoient les fentimens & les befoins
que tout homme trouvoit au fond de fon ame, les
devoirs que lui impófoient fa nature, fa confcience,
& qu'il devoit remplir de toutes fes forces, fans
aucune impulfion étrangere; qu'ainfi, tout être
qui cherchoit ailleurs que dans fes facultés & dans
fon cœur la fource de fes devoirs, la nature de fes
travaux ; tout homme qui fortoit de lui-même
pour agir, fentir & penfer, étoit un être coupable,
aveugle ou dégénéré.

Je me propofois d'établir la divifion claire de
l'efpece humaine en plufieurs claffes d'individus,
appellés tous au même but par la nature, par des
fentiers différens, & avec des facultés inégales.

Enfin, du tableau gradué de ces facultés, tant
phyfiques que morales, je concluois que la premiere
& la plus indifpenfable des vertus eft la patience,
qui nous tient à notre place, qui nous donne le
courage de remplir conftamment nos devoirs felon
l'étendue de nos facultés, fans que jamais la lâcheté
nous dégrade, en nous faifant refter en-deçà, l'a-
mour-propre nous égare, en nous portant au-delà
de nos forces.

Voici comment je m'y prenois pour établir,

D

fuivant mes foibles moyens, ces importantes vérités ; comment, dans cette médiocre efquiffe de
l'homme naturel, j'amenois l'éloge de quelques
génies rares, entr'autres de celui qui fait l'objet de
cet article, dont la vie a été, felon moi, le plus
conforme aux loix de la nature, dont les vertus &
les fublimes travaux ont le mieux rempli les vues
profondes de fon auteur.

L'EMPLOI mal-entendu des facultés morales &
phyfiques que Dieu nous a données, voilà la fource
des plus grands défordres qui affligerent le genre-
humain, quand l'homme, s'écartant des loix de la
nature, oubliant qu'il eft un compofé de matiere
& d'intelligence, ceffa de fournir alternativement
aux befoins de ces deux fubftances.

Le corps veut être réparé par une nourriture &
par un exercice périodiques, & la Providence bien-
faifante lui a donné des fens pour difcerner les alimens qui lui font propres, la force pour travailler,
des bras robuftes pour déchirer le fein de la terre,
trouver dans fa fertilité une nourriture fucculente
& falubre, une induftrieufe adreffe pour inventer
les inftrumens propres à la culture ; l'agilité, jointe
à la vigueur, pour fe défendre contre les bêtes fé-

toce

D

roces, les pourfuivre, les vaincre, & couvrir fa nudité de leurs dépouilles.

Si Dieu a youlu l'homme fain, robufte, doux, compatiffant, religieux, vertueux, l'agriculture eft fon état naturel ; c'eft le travail qui fatisfait le mieux les befoins de fon corps, qui favorife le plus le développement de fes facultés morales. Le labourage entretient la force du corps, par un travail qui en exerce tous les membres, & qui n'a rien de pénible, ni de trop fatiguant pour un homme vigoureux & robufte (1) : la nourriture frugale & faine que les fruits de fon travail offrent au cultivateur épuifé, rafraîchit les fources de la vie, n'altere point la pureté de fon fang, ne fait naître dans fon corps, par aucune fermentation dangereufe, ni les humeurs, ni les maladies.

La bonne difpofition des organes, maintient l'ame dans un état de paix & de quiétude, d'où naiffent tous les fentimens bons & doux, le contentement de foi, la bienveillance pour fes femblables.

____

(1) Voyez Rouffeau, Héloïfe, Emile, D. S. l'inégalité ; Fenelon, Télémaque ; M. de Saint-Pierre, Etudes de la Nature.

M

D

L'homme laborieux, fain & paifible, n'a que des goûts fimples & purs.

Les jouiffances néceffaires à fon bonheur, font d'abord l'amour, qui eft à-la-fois le fecond de fes befoins phyfiques, né d'une furabondance de force, & le premier befoin de l'ame, produit par ce fentiment inné de bienveillance, que développent le calme du cœur & le repos. Une femme bonne, fenfible, douce, active & pieufe, qui veille aux foins du ménage, fubvienne aux inquiétudes de fon tempérament, qui réponde à fa bienveillance, qui le délaffe de fes rudes rravaux par fes charmes, fa gaîté folâtre & fa tendreffe, qui lui donne des enfans fains & bien conftitués, nouveaux objets de fon amour, nouvelles fources de plaifirs, dont l'éducation occupera fon loifir, charmera les longs jours du repos, de l'hiver & des ennuis de la vieilleffe. Ah! defcendez dans votre cœur, vous qui n'avez pas encore tout-à-fait étouffé la nature ; vous qui avez mille fois gémi des vices, des fautes & des faux plaifirs où vous entraînoit la vie malfaine que l'homme dégéneré mene dans les villes ; vous dont l'ame fenfible a fenti le befoin d'un autre ordre de travaux plus fains, d'une vie moins agitée, de plaifirs plus fimples & plus purs, dites,

D

nous si la vie tranquille des cultivateurs n'a pas vingt fois excité votre envie; si les tableaux enchantés du divin auteur de *Télémaque*, les éloquens regrets, les images touchantes du peintre sublime de Sophie & d'Héloïse n'ont pas fait soupirer votre ame allanguie après la vie si douce, les travaux & les plaisirs dont leurs pinceaux, pris des mains de la nature, vous retraçoient si fidellement l'idée, n'ont pas bercé votre imagination charmée, votre cœur attendri de mille doux projets, de mille délicieuses espérances. Ah ! le bonheur n'est que dans les champs : c'est là seulement qu'on peut suivre, sans obstacle & sans crainte, les saintes loix de la nature ; c'est là qu'on peut subsister sans flatterie, sans bassesse, & jouir sans remords.

C'est ce travail libre, utile & sain, qui peut seul donner aux facultés de l'homme toute leur étendue, tous les sentimens du cultivateur sont paisibles & purs.

Dieux ! que de plaisirs dût goûter celui qui, pour la première fois imagina de demander à la terre sa subsistance, lorsque le matin, prevenant l'aurore, il vint saluer dans les champs le pere de la nature, le prier d'exaucer ses vœux, de bénir ses travaux ; lorsqu'il vit l'astre du jour,

D

fortant radieux du fein des ténebres, inondé
l'univers d'un torrent de lumière, animer fon
courage par fa préfence, éclairer fes pas, échauffer
& préparer la terre du feu modéré de fes rayons;
armé des inftrumens inventés par fon adreffe,
plein de vigueur & de courage, il fe mit à fendre
l'argile d'un fer tranchant avec une ardeur infatigable. Il fentit fes forces redoubler avec les
obftacles qu'un fol dur & aride oppofoit à fes généreux efforts; fur le midi, quand le foleil, em-
brafent l'horizon d'une chaleur égale, dardant
fur fa tête fes feux verticaux, faifant rüiffeller de
fon front une fueur abondante, l'avertit de ceffer
fes travaux, il chercha fous des ormes ou fous
des bocages une ombre protectrice; les glands
d'un chêne calmerent fa faim; une onde pure
s'offrit pour défaltérer fon palais ardent, fa langue
defféchée par la pouffiere; un air frais & ferein
vint rafraîchir fon corps, qu'un travail nouveau
venoit d'échauffer, & dilater les lobes de fes pou-
mons; un court & léger fomeil repofa fes membres fatigués, rétablit le calme dans fes fens, ré-
para fes forces épuifées; à fon réveil, le foleil
commençant à répandre fur la terre une lumiere
inégale, à defcendre le long des côteaux, il fe

D

leva frais & délaffé. Le courage revint avec fes forces renouvellées, une nouvelle ardeur remplit fon ame, & il fe difpofa à retourner au travail. Dans fa marche, la nature nouvelle vint s'offrit à fes yeux diftraits, comme une vierge naïve & pure, parée de fes attraits céleftes, de fes charmes intacts & de fa native beauté; fa vue enchantée ne fut à quel objet fe fixer. Ses regards avides fe porterent tour-à-tour fur l'azur des cieux nuancé par des nuages de mille couleurs, fur les hautes montagnes, fur les vertes forêts, fur les trembles modeftes & fur les majeftueux peupliers. Oh! comme alors fon cœur encore tout neuf, non encore avili par l'efprit focial, dût palpiter d'une joie pure; comme fon ame épanouie dût s'élever vers l'Etre fuprême. O faintes & douces larmes que la reconnoiffance lui fit verfer, quand il fe vit au milieu de tous ces biens, qu'un Dieu prodigue avoit créés pour lui : avec quel profond fentiment de gratitude, il fe profterna devant l'Etre invifible, dont tant de merveilles lui atteftoient la puiffance, dont tant de bonté lui faifoit fentir la préfence, & dont la voix fecrette fe faifoit encore bien mieux entendre au-dedans de lui. La nature entiere fut fon temple, & une

M 3

D

pierre fon autel. Sans doute il s'égara plus d'une
fois dans fa route attiré par la verdure des fauls,
l'odeur charmante des arbuftes bocagers dont la
vue recréoit fes yeux, & le doux murmure des
ruiffeaux. Plus d'une fois auffi il fe repofa pour
admirer les fleurs fimples, fi artiftement décou-
pées, fi fuaves à refpirer, fi diverfement colorées,
qui fembloient naître fous fes pas ; leurs formes
variées & agréables, leurs attitudes aimables,
leurs douces harmonies, leurs féduifans contraftes
amuferent fes regards, pendant qu'affis fur un
gazon, il goûtoit encore un moment de repos.

Arrivé au lieu de fon travail, il s'y livra avec
un nouveau courage. Le foir, quand le foleil
difparut derriere l'horizon, laiffa repofer toute
la nature, & lui permit de fe renouveller par la
fraîcheur de la nuit ; il mit un terme à fon travail. Tranquille & paifible, il regagna lentement
fa cabane ; là, goûtant un calme inaccoutumé,
il fentit le vuide de la folitude & le befoin
d'un être fenfible qui pût partager fa joie, à qui
il put faire part du fuccès de fes travaux, de fes
nouveaux plaifirs, d'un être femblable à lui qu'il
pût aimer

Bientôt il trouva cette compagne defirée ; une

D

moiſſon dorée vint couronner ſes travaux, répondre à ſes eſpérances, & tous ſes vœux furent
ſatisfaits. Tous les jours furent pour lui des jours
ſereins & tranquilles ; tous les jours il trouvoit dans
ſes travaux & dans la vue des beautés de la nature, de nouvelles raiſons d'adorer la main puiſſante dont il éprouvoit tant de bontés. Un travail réglé vivifioit ſon corps, & en entretenoit
la force. L'amour conjugal, l'amour paternel
rempliſſoient ſon ame ; les ſoins de l'enfance occupoient ſon loiſir ; de douces recréations ſuffiſoient
à ſes plaiſirs. Si une proſpérité, que le cœur de
l'homme ne peut gueres ſupporter ici bas, ralen-
tiſſoit ſon activité, étoit prête à lui faire oublier
l'auteur de ſa félicité, la ſource de ſes jouiſſances,
les maux de ſes ſemblables ; les ſaiſons n'étoient
pas toujours favorables, les moiſſons n'étoient pas
toujours abondantes ; une grêle qui avoit ravagé
ſon champ, & qui détruiſoit l'eſpérance de l'année, où quelqu'autre calamité paſſagere le fai-
ſoit ſouvenir que l'homme tient tout ici bas de
l'Etre ſuprême, le forçoit d'avoir recours à la
ſenſibilité de ſon voiſin : du bienfait naiſſoit
l'eſtime, l'amitié, la reconnoiſſance & l'adverſité
rapprochant les hommes, établiſſoit entr'eux un

D

commerce de travaux, de services & de jouis-
fances. Ce furent là les fondemens de la société ;
les fentimens en fe réuniffant quelquefois, acqué-
roient un nouveau degré de force, on fe raffembloit fouvent pour bénir en commun les
bontés du fouverain Etre, pour attirer par la
priere fes bénédictions fur les guérets, & les com-
munications d'une fociété momentanée tempé-
roient ainfi la langueur & l'abandon d'une ha-
bituelle folitude. Ainfi, les jours & les années
s'écouloient dans une alternative toujours répétée
de travaux fains & de doux plaifirs, fans foucis,
fans remord & fans inquiétude.

Trop heureux fans doute, les cultivateurs,
fi les hommes avoient toujours voulu fe contenter d'une vie auffi fimple, ne s'étoient jamais
écartés des loix de la nature ; fi des êtres lâches,
des fils dégradés, affranchis par les travaux de
leurs peres du joug falutaire des befoins, voulant jouir, fans acheter leurs plaifirs par le travail, qui feul peut entretenir dans l'ame, la force,
la pureté, le calme & la modération ne fe fuffent
réunis pour les opprimer, n'euffent pas réuffi
à force d'ufurpations, de rufes, de vexations, de
violences à troubler pour jamais la tranquillité

D

de leur vie, à leur enlever par l'oppreffion &
l'aviliffement où les a plongé prefque par-tout,
depuis des fiecles, une odieufe ariftocratie, jufqu'au
fentiment de leurs vertus & de leur bonheur.

Les hommes exerçoient alors leur raifon aux
objets d'utilité commune, la perfection des outils
du labourage, l'éducation des enfans, l'entretien
de la paix dans la fociété; voilà fur quoi rou-
loient toutes leurs études.

La bienveillance conftante qui les animoit les
uns envers les autres, cette pitié célefte que la
divinité fait naître du fentiment de fa foibleffe,
dans l'homme dont l'ame & le corps font occupés utilement, pour ceux de fes femblables qui
fouffrent & ne peuvent fatisfaire à leurs premiers
befoins, veilloit à l'emploi de leur loifir, de leur
fenfibilité, de leur intelligence, & les empêchoit
de s'égarer en recherches ou en jouiffances
fuperflues.

C'eft la feconde des deux loix faintes qui gou-
vernent l'homme; la compaffion pour fon femblable fouffrant.

> Molliffima corda
> Humano geñeri, dare fe natura fatetur
> Quœ lachrymas dedit.

‹D›

La nature ne l'ifole que pour le ſoin de ſa
propre confervation ; ce ſoin une fois rempli , ſes
premiers & plus impérieux beſoins, le travail, la
faim & l'amour ſatisfaits ; une fenfibilité expan-
ſive le porte vers ſes ſemblables , une bienveillance , une pitié conſtante l'excitent à les aider ,
à les ſecourir , à les ſoulager ; il eſt inquiet , il
éprouve une follicitude intérieure ſur leur ſort ;
il veut voir s'il ſont heureux & contens comme
lui ; le ſpectacle de leurs maux l'émeut & le
pourſuit juſqu'à ce qu'il ait pu les en délivrer ;
ſi c'eſt la faim qui les tourmente , il partage
avec eux ſes alimens ; ſi quelqu'accident funeſte ,
une bête farouche , la chûte d'un arbre , quelque
fléau deſtructeur les a bleſſés , leur a enlevé tous
moyens de ſubſiſtance , ce tableau l'afflige & le
déſole , il éprouve un ſentiment délicieux à les
confoler , à les aider de ſes confeils , de ſes lumieres & de ſes forces ; c'eſt un beſoin preſſant
pour lui , & en même temps la plus douce des
jouiſſance , de porter remede à leur maux. Si
une inondation a renverſé la cabane de ſon voiſin ,
il s'empreſſe avec lui , il lui montre les moyens de
faire écouler l'eau , il lui ouvre un canal au milieu des terres , il l'aide à raſſembler tous ſes

D

meubles difperfés , il dreffe avec lui un plan pour
la reconftruction de fa chaumiere abattue ; d'une
main vigoureufe il prend la pioche , affemble
les folives , cimente les pierres avec la chaux. La
cabane rebâtie , il va chercher dans la fienne la
femme & les enfans de fon malheureux voifin ,
auxquels il a donné un afyle , & les remet en
poffeffion de leurs foyers.

Voit-il fon femblable bleffé & fouffrant , fi un
feu interne dont la fource lui eft inconnue le
confume & fe manifefte fur fon corps par des
fymptômes que leur nouveauté rend encore plus
effrayant ; fon cœur attendri tremble à l'afpect de
ces fignes infolites. On diroit à voir fon effroi ,
fa tendre inquiétude , qu'il eft atteint du même
mal ; il voit fouffrir cet être qu'il aime , il ref-
fent toutes fes angoiffes. Chaque cri que la douleur lui arrache retentit jufqu'au fond de fon
cœur. Chacun de fes gémiffemens a paffé dans
fon ame ; il voit fon teint fe décolorer, les rofes
de la fanté ternies par une livide pâleur, fes
mufcles fe roidir, fes membres fe tordre, fon
œil s'égarer ; il le voit fe débattre contre une force
d'autant plus terrible qu'elle eft inconnue : oh !
dans qu'elles tranfes eft alors fon cœur agité ! il

D

voit fon femblable fouffrant , & il ne peut le
foulager ; le défefpoir de l'ignorance lui arrache
des larmes ameres. Il ferre fon ami mourant dans
fes bras , le preffe contre fon fein , cherche à le
réchauffer de fon haleine. D'un œil inquiet il
parcourt tout fon corps, & voudroit lire dans
fes yeux, fur fes membres, la caufe de ce malheur imprévu. Il tombe au pied du lit de feuil-
lage , fur lequel repofe la douleur , adreffe au
ciel fes vœux ardents : « Dieu puiffant, montre-
» moi comment l'arracher à ces tourmens hor-
» ribles ! » la bonté divine cede aux pleurs de
l'humanité. Elle éclaire tout-à-coup, comme d'un
rayon de lumiere, l'amitié compatiffante. L'inquiet ami fe fouvient d'avoir vu des animaux
bleffés, & fouffrans, guéris par une boiffon abondante & par l'abftinence ; il a vu fon chien fidele,
infecté par la morfure d'un fepent , trouver du
foulagement dans le fuc de quelques plantes bienfaifantes. Son efpoir fe ranime , il invoque le
fouverain être , court cueillir les fimples qui lui
font connus, en exprime le jus dans une eau
pure , qu'il s'empreffe d'apporter à fon ami mourant , lui prefcrit une falutaire abftinence , & ne
ceffe jufqu'au fuccès de fes foins , de remplir la
coupe du malade.

D

Ainſi, la medecine dût ſon origine aux recherches de l'amitié; ainſi, dans l'homme de la nature, toutes les découvertes, toutes les ſciences
furent les filles du beſoin & de la pitié. Ainſi,
le deſir de connoître, toujours exicité par la
bienveillance, trouvant toujours ſa ſource dans
les devoirs de l'homme & dans les ſentimens généreux, fut toujours réglé par la conſidération de
l'utilité, par la grande loi de la convenance
générale.

Les talens durent leur naiſſance au devoir &
au ſentiment : les penſées, les paroles (1), les
écrits des grands hommes furent des actions,
parce qu'images de la Divinité ſur la terre, ils
naquirent toujours pour guider les hommes dans
l'uſage de leur raiſon, entretenir dans leurs cœurs
par les charmes de l'éloquence & de la poéſie,
l'amour des ſaintes loix de la nature, les ſentimens de la divinité & de l'humanité, les encou-
rager à la patience, les ramener à la vertu par

---

(1) » Les paroles ſont ſouvent des actions, puiſque
»l'opinion eſt une puiſſance«.

De l'autorité de Monteſquieu dans la Révolution préſente.

D

leur exemple; le respect, l'estime, la reconnoissance
des bons furent leur récompense; jamais leur
motif ni leur but; leur motif fut toujours le
besoin d'employer leurs facultés au bien général,
leur but de remplir ici bas les vûes de la nature
& de son auteur.

Le premier poëte chanta ses merveilles, les
bienfaits innombrables d'un Dieu tout puissant;
le premier orateur exhorta les hommes à suivre
toujours les saintes loix de la vertu.

Ainsi, Orphée dévoilant aux hommes agrestes
& sauvages, les loix qui devoient les réunir,
le rapport de celles de la nature avec leur bonheur, développa le premier dans leur cœur l'ins-
tinct social, dont l'auteur de leur être y avoit
déposé le germe, leur fit sentir tous les charmes de l'union, de l'amour & de la paix.

Ainsi, le divin Homere, le pere des poëtes,
étala dans des vers majestueux & sublimes, toute
la magnificence & les beautés si variées de la
nature, encouragea les hommes à la vertu, en
leur montrant des dieux spectateurs de leur vie,
juges de leurs actions, maîtres souverains de leur
destinée. Ses ouvrages immortels, tableaux naïfs
de toutes les passions naturelles, dépôt sublime

D

de tous les fentimens purs & généreux, hymnes
harmonieufes à la divinité donnerent à l'ame de
l'homme un élan fublime vers les cieux, lui
apprirent que là étoit fon origine, le témoin
éternel de fes plus fecrettes penfées, le rémuné-
rateur de fes efforts. Dans Ulyffe toujours errant,
toujours perfécuté, toujours repouffé par les orages loin de fes Pénates ; mais toujours ferme,
prudent, inébranlable au milieu des féductions
& des dangers, regagnant enfin fa chere Ithaque
après tant de traverfes ; il leur offrit un modele parfait de fageffe & de conftance, & leur
fit voir que notre premier devoir ici bas eft la
patience dans les revers, la conftance à fupporter les malheurs & les difgraces, & que ce n'eft
que par le courage & la prudence que nous
pouvons conduire notre frêle barque au port célefte, à travers les longues & terribles tempêtes
de cette vie.

C'eft ainfi que vous avez employé au bonheur & à la perfection de l'homme, les talens
que vous aviez reçus de la nature, févere &
fublime Moïfe, doux Jéfus, fage Confucius,
Penn, Harrington, & vous auffi divin Fénélon.

Vos grandes ames auffi nobles que fenfibles,

D

& pures, étrangeres à tout sentiment étroit, in-
sensibles à tout motif d'intérêt personnel, au
desir des vaines jouissances de l'amour - propre,
animées par une conscience sublime de vos forces
qui vous dictoient vos devoirs, embrassant, comme
l'ame éternelle, le bonheur du genre humain
que vous honoriez par votre génie, ne vous
fournirent pas un sentiment, pas une idée, pas
une action, qui, par une inspiration céleste, ne
fussent autant de vertus, autant de sacrifices dé-
sintéressés au bien commun, autant de bienfaits
envers vos semblables ; pleins du sentiment de la
divinité, brûlant d'une pitié sans cesse active,
vous éclairâtes, vous servîtes les hommes sans
vous embarrasser de leur jugement ; vous aviez
pous vous le témoignage de votre cœur & le
sourire du Créateur ; forts de ces appuis vous
souffrîtes avec patience ; également au-dessus des
louanges & des outrages, de la flatterie & de la
calomnie, des persécutions & des récompenses,
la gloire, ce hochet des ames foibles, ce besoin
factice d'un être dégradé, ce desir aveugle &
irréfléchi qui égara quelquefois sans qu'elles s'en
doutassent, les ames les plus vertueuses & les
meilleurs esprits, n'altéra jamais la pureté de

vos

D

vos sacrifices, ne vint jamais souiller de ses sé-
ductions votre dévouement à vos devoirs, & vos
inflexibles vertus. Vous avez accompli dans toute
leur rigueur les deux préceptes de la loi ; car
vous n'avez jamais rien aimé, vous n'avez jamais
rien servi que Dieu & les hommes.

ET VOUS, qui, au milieu
d'un siecle corrompu, nous retracez par vos vertus
simples, par la pureté de vos mœurs, par votre
désintereffement, votre probité, votre patience
qui fut toujours inébranlable au milieu du dénue-
ment, des perfécutions, des calomnies & des
revers; la fage fermeté de ces êtres fupérieurs que
vous égalez en génie ; vous qui, comme eux,
avez fouffert pour Dieu & les hommes, qui, à
leur exemples, ne refpirez que pour le bonheur
de votre efpece, vous qui au milieu des égaremens & des forfanteries d'une philofophie con-
temptrice de tout lien, favez honorer la religion
de vos peres, qui, avec une fimplicité pref-
qu'auffi touchante, une humanité auffi douce que
celle de fon divin auteur, vous montrez par-tout
dans vos études modeftes, le défenfeur des opprimés & des pauvres, l'ami de l'enfance & des
miférables ; vous qui, avec la bonté, reçûtes

N

D

en partage une raison si saine & si droite, que
le malheur & la vertu ont ramené à la connoissance des véritables loix de la nature, qu'ont mé-
connues tant de génies indociles & superbes ;
vous à qui elle a donné de la faire aimer par le
charme attirant de vos tableaux si vrais, par l'onc-
tion pathétique de votre pieuse éloquence, de
la retracer dans des images ravissantes qu'elle
semble vous avoir fournies, d'en saisir & d'en
peindre les nuances les plus délicates, les plus
simples & les plus touchantes merveilles, les
productions en apparence les moins dignes de
nos regards, avec tant de goût & de graces,
de revêtir ses leçons, de décrire ses ouvrages d'un
style si pur & si enchanteur, qui réunît à la
fois, & une simplité naïve & une noble majesté,
dont le coloris si varié, toujours si frais & si
naturel, toujours assorti au ton des objets qu'il
embellit, dont les formes séduisantes nous plaisent & nous entraînent, tantôt par une magnificence abondante, tantôt par une gravité sévere,
quelquefois par une force qu'anime une véhé-
mente & noble indignation, mais le plus souvent par un abandon de sentiment & d'expression
sans prix pour les cœurs vraiment humains, reli-

D

gieux & fenfibles ; vous qui nous rappellez à la
fois la fageffe fimple & grave de Confucius,
la fageffe douce & aimante du chantre de Télémaque, la grace de Xénophon, la pompe magnifique du ftyle de Buffon, avec plus de fenfibilité & d'éloquence, l'imagination riche &
brillante, l'ame ardente, l'énergie folitaire de
de votre illuftre ami (1), avec plus de modération,
avec une franchife plus naturelle, une originalité plus vraie, une fenfibilité peut-être moins
brûlante, mais plus pure & plus délicate, avec
un goût plus conftamment exquis & févere, qui
vous diftingue d'eux tous par un caractere ennemi de toute affectation, par l'univerfalité de vos
connoiffances, par cette vérité fi précieufe qui
caractérife votre pinceau dans l'expreffion des
plus petits, & cependant des plus pittoréfques
détails, par un ftyle qu'embelliffent & vivifient
toujours vos obfervations naturelles, & fur lequel des images puifées dans l'étendue immenfe
des productions de cet univers, répandent prefz
que toujours quelque chofe d'agrefte & de cham-
pêtre, une teinte defcriptive qui en fait le catac-

____

(1) L'infortuné J. J.

D

tere piquant & original ; mais , qui vous en dif-
gue encore plus par l'intérêt foutenu d'une fenfibilité toujours compatiffante , d'une pitié douce
& éclairée , d'une bienveillance toujours vertueufe (1) par le fentiment toujours calme d'une
réfignation touchante aux décrets de l'Etre fuprême,

---

(1) Voyez à quoi Rouffeau emploie dans Emile fa
richeffe imaginaire ; à quel ufage , dans le troifieme volume de fes Etudes , M. de Saint - Pierre deftine celle
qu'il fe fuppofe. Le rêve de l'auteur d'Emile eft celui d'un
homme qui , tout en voulant jouir felon la nature , ne
penfe qu'à fon plaifir. Oh ! combien le fonge de l'auteur
des Etudes eft plus doux ! C'eft le fonge de la bienfaifance ; c'eft l'illufion pure de la vertu.

Voyez le charmant tableau de fon *Elyfée* , les réflexions
touchantes qui fuivent le récit de l'hiftoire d'*Ariane* , la
defcription des travaux de *Paul & de Virginie* , l'anecdote
intéreffante *de la Juive* , des petites filles du pays de Caux ,
de la payfanne de Dieppe , des enfans du parc de Marly :
tous ces traits dont l'ouvrage eft rempli , n'annoncent-ils
pas la vraie fenfibilité , de l'ame , celle de l'humanité , ne
refpirent-ils pas la plus pure vertu. Par-tout , un fentiment délicieux de bienfaifance épure , fertilife les productions du génie : la bienveillance , la pitié veillent
dans chaque ligne au bonheur de l'homme , au foulagement des malheureux. Prefque partout , dans cet auteur ,

D

qui vous fait voir dans toutes ses volontés autant de bienfaits, qui vous fait trouver dans les desseins de sa providence, les plus faits pour révolter nos desirs, les plus opposés à notre félicité pas-sagere, des motifs de consolation & même de reconnoissance ; enfin, par ce religieux quiétisme que respire par-tout votre livre, & qui en fait le plus grand charme, le charme constant ; en montrant l'ame pure, forte sans ostentation, douce & aimante de l'auteur, sensible & ver-tueux Saint - Pierre, dites-nous si dans vos utiles études, dans vos recherches laborieuses & savantes, vous avez pensé à attirer sur vous les regards d'un monde corrompu, à vous faire ad-mirer des hommes, dont vous aviez tant de fois éprouvé la frivole indifférence, les amitiés trom-peuses, & les calomnies ; dites - nous, si une pitié profonde pour les maux & les erreurs de vos semblables aveuglés, si une conviction iné-branlable des principes de la morale, puisée dans

---

les fleurs du talent se cachent à l'ombre des fruits de la vertu ; c'est elle qui se fait le plus sentir aux cœurs, & qui, toute belle qu'elle est, fait oublier sa parure.

D

le sein de l'infortune; si le seul sentiment de
l'ordre admirable de cet univers, de la convenance générale des loix saintes, du grand ensemble de cette immense création, si une reconnoissance éternelle pour les consolations, les
ressources inattendues, les appuis qu'un Dieu bienfaisant, une providence infinie qui veilloit sur
vos destins, vous a menagés au milieu des plus
cruels chagrins, des plus terribles revers, ne vous
ont pas portés seuls à justifier aux yeux des
hommes ingrats ; cette providence qui les nourrit
& qu'ils blasphement, à dévoiler à leurs regards
inattentifs les plans sublimes, les loix mystérieu-
ses de la nature, à remplir les vues de son auteur, en consacrant vos travaux à sa gloire loin
des mortels coupables qui l'oublient, si l'amour
désintéressé de vos semblables, le noble besoin
de payer, en les servant, votre dette à la société,
ne vous ont pas seuls engagé à lui présenter,
comme dans un miroir fidele, le tableau de ses
désordres, à lui en montrer la cause dans ses
écarts, des loix sacrées qu'elle doit suivre, à
plaider avec une mâle éloquence, avec une cou-
rageuse fermeté, auprès des chefs de cette société
malheureuse, la cause de la multitude avilie &

D

opprimée contre ſes cruels tyrans, contre ſes lâches & inſoucians oppreſſeurs, à venger la ſimple
vertu, la probité obſcure & méconnue des injuſtes
dedains de la richeſſe, à réprimer l'eſſor orgueil-
leux, les efforts téméraires de nos méthodes in-
tolérantes, de nos ſyſtêmes ſans baſes, de nos
ſciences vaines & préſomptueuſes, en nous faiſant ſouvenir de notre foibléſſe, en nous montrant dans notre nature finie, dans nos beſoins,
dans nos devoirs, dans notre inſuffiſance, l'étendue & les bornes de nos connoiſſances, en nous
apprenant enfin qu'il n'y a pas de bonheur réel
hors de la nature & de la vertu; qu'elle eſt un
combat perpétuel contre nos goûts & nos penchans pour faire le bien ſous les yeux de l'Etre
ſuprême, malgré tous les obſtacles; que la *terrible réaction du malheur pourſuit par tout les
attentats du crime & du vice, contre la grande
loi de la convenance générale*, & que nous ne
pouvons atteindre le but qui nous eſt préſenté
que par le travail, la pureté de l'ame, la chaſteté
du corps, l'indulgence, la douceur, l'humanité
ſainte, la charité compatiſſante, la fermeté ſans
jactance, la modération & la patience.

C'eſt vous qui nous avéz appris à connoître

D

les loix de notre fragile organisation, qui nous
avez développé dans un ordre clair & précis,
celles de notre constitution physique, & les sentimens sublimes, les instincts ineffables de l'infini, de l'innocence, de la pitié, de l'immortalité, de la Divinité, célestes émanations de celui
qui est la source de toute bonté, de toute beauté,
divins principes de notre être, éternels flambeaux
de la raison & de la morale universelles, guides
internes & lucides de la conscience de l'homme;
qui nous avez décrit avec tant d'intérêt, les harmonies & les contrastes de la nature; c'est votre
attention infatigable qui vous a révélé les intentions secrettes & bienfaisantes de cette mere commune de tous les êtres animés, qui ne perd
jamais de vue la conservation de ses enfans, &
vous nous les avez montré dans les soins maternels
qu'elle prend de notre félicité.

Vous nous avez fait voir comment dans toutes
ses productions, dans les compartimens du globe
que nous habitons, dans ses divisions en montagnes, en plaines, en îles, en mers, en fleuves
& en rivieres; dans la répartition des végétaux
aux différens climats, dans la configuration &
le caractere de ses plus grands, comme de ses plus

D

petits ouvrages ; dans la variété des habits dont
elle a revêtu les êtres animés, des mœurs dont
elle les a doués, des formes, des couleurs &
des vertus qu'elle a donné aux plantes, des nuances dont elles a différencié les mêmes especes,
selon les lieux où elles se trouvoient placées ;
dans celles de ces créations, que notre ignorance
ose accuser d'inutilité, ou auxquelles nos écrivains systématiques attribuent des effets dangereux, parce qu'ils n'en savent point démêler les
causes, parce qu'ils aiment mieux calomnier la
nature que de renoncer à leurs systêmes, & lui
prêter des motifs absurdes, que de paroître en
ignorer les secrets ; dans les volcans qui purifient
l'eau, les tonnerres qui purifient l'air par le feu,
dans les infectes dégoûtans par leur laideur, in-
supportables par leurs piquures ; dans les animaux
malfaisans, venimeux ou à formes rébutantes,
dans ces productions qui paroissent les plus ex-
traordinaires à notre foible & orgueilleuse intelligence, elle consultoit toujours la convenance
générale de tous les êtres ; grande & premiere
loi qui la dirige, & sur-tout la convenance de
de l'homme, le premier & le plus chéri de ses
ouvrages.

D

C'eſt vous, ô éloquent & vertueux Saint Pierre, qui, en juſtifiant la providence de nos déſordres, nous en avez montré les cauſes dans le mépris de la religion, du peuple & de l'enfance.

Venez donc avec votre livre ſi ſimple, & où la vérité ſe montre ſous des traits ſi touchans; venez avec ce livre, qui ſeul de tous les livres (1), toucha mon cœur & fit ma conſolation;

---

(1) Quoiqu'à cètte époque je n'aie réellement trouvé de reſſources pour rétablir le calme dans mon ame, qu'une réſignation parfaite aux volontés, qu'une confiance excluſive aux bontés divines, & que je n'aie dû qu'à ce livre mon retour à ces ſentimens & à la véritable vertu, quoique ſon ſouvenir & ſa lecture aient réellement fait ma plus grande conſolation au milieu des maux de l'ame les plus cuiſans, auſſi-tôt que ma raiſon, preſqu'égarée par les chagrins, par l'abus du travail & de la méditation, par les noirs fantômes d'une imagination effrayée, commença à reprendre ſes forces; quoique ce livre ait toujours été mon livre chéri, ſupérieur pour moi à tous les livres, parce qu'il eſt, ſelon moi, le livre des malheureux & des ames ſenſibles : quoique j'aie voué à ſon auteur, pour le bien qu'il m'a fait une eſtime & une reconnoiſſance éternelles, je dois cependant avouer ici qu'il n'y a que le *Télémaque* qui n'ait jamais laiſſé dans mon ame aucune impreſſion dangereuſe.

D

quand je n'en avois plus fur la terre, quand je
me croyois abandonné de tout le monde ; venez
mettre le doigt fur nos plaies ; venez verfer fur

Car cet ouvrage même que je chéris, cet ouvrage
dont l'éloge eft bien mieux empreint au fond de mon
cœur, que dans les foibles lignes qu'il m'a dictées, m'a
lui-même quelquefois affligé.

Un poids infupportable de trifteffe, tomboit fur mon
ame, quand la vertueufe éloquence de l'auteur, décou-
vrant à mes yeux les plaies profondes de ma patrie,
m'attendriffoit fur des maux fans nombre que je ne pou-
vois foulager.

A la vue du tableau défolant de ces maux, dont il
ne me montroit le remede que dans un retour qui
me paroiffoit impoffible aux loix de la nature & de
la vertu depuis fi longtemps oubliées, je pleurois fur
la mifere des habitants de mon pays, que je voyois s'avan-
cer tous les jours plus près de l'abyme fans pouvoir
être fecourus. Il ne me reftoit dans l'ame qu'un inftinct
indéfiniffable de repentir & de douleur, qui me reprochoit
fans ceffe tous ces maux, comme fi j'en euffe été coupable ; qui repouffoit de mon cœur avec un acharnement
funefte tout fentiment doux, comme fi c'eût été un crime de goûter quelque contentement, quelque paix au
milieu de tant de fouffrances, je n'éprouvois plus que
le défefpoir de les croire fans remede, que la crainte
continuelle de contribuer involontairement moi-même à
les aggraver.

D

nos profondes bleſſures le baume ſalutaire de
l'humanité & de la vertu.

Répétez à ces médecins choiſis, pour redonner
à notre corps politique la vigueur & la ſanté
qu'il a perdues.

Repetez-leur ſans ceſſe avec cette éloquence
irréſiſtible, qui part d'un cœur profondément
pénétré, que la cauſe de la miſere & de la
baſſeſſe du peuple eſt dans la vénalité des charges,
dans l'oppreſſion des riches & des grands ; la
cauſe de la proſtitution & de la débauche ſcan-
daleuſe dans le mépris de la religion, dans le
célibat des prêtres & des gens du monde, & la
ſource de tous nos maux, de tous nos vices,
de toutes nos erreurs dans l'oppreſſion de l'enfance, dans le levain d'ambition, d'orgueil &
de haine, qui corrompt le germe ſacré des vertus,
que le ciel a mis dans l'ame des enfans, dans ce
deſir inſatiable de gloire, cette envie coupable
de primer, ces ſemences de jalouſie, de vanité,
de cupidité, d'égoïſme & d'intolérance, que
nous jettons, pour ainſi dire, dès le berceau,
dans leurs tendres cœurs, ſous les beaux noms
d'émulation, d'honneur, d'amour de l'eſtime
& d'activité.

Vous qui êtes vraiment l'interprette de la na-

A

ture , puifque vous avez révélé à nos cœurs les
loix du fentiment , ce moteur célefte qui nous
anime ; dites-leur fans ceffe qu'ils ne feront rien
avec leur loix , tant qu'ils ne penferont pas à les
appuyer fur les mœurs , tant qu'ils ne cherche-
ront pas les moyens lents & fûrs de ramener
parmi nous le regne de la religion & de l'humanité , ces premiers fentimens de *la nature.*

Dites-leur fans ceffe qu'il n'y a d'efpoir , de
reffource pour la foule innombrable des malheureux qui couvrent le fol fi beau , fi fécond de
ma patrie, que dans la plus égale répartition des
*propriétés , une bonne éducation , l'affranchiffe-
ment des campagnes , & fur - tout dans l'autorité d'un bon monarque.*

Voici une infcription que j'avois effayée , pour
mettre au bas du portrait de cette *Virginie fi
touchante* , l'héroïnee de fon charmant ouvrage.

On pourroit mettre cette infcription au bas
du tableau de M. Vernet , expofé cette année
au fallon.

*Infcription pour le tableau de Virginie abymée
dans les flots.*

De la pudeur vous voyez la victime ,

D

Quand prête à l'engloutir
L'onde en courroux entr'ouvroit son abyme,
Plutôt que ternir
L'aimable fleur de cette modeftie,
Qui tient un voile faint fur fes chaftes appas ;
Calme, & levant les yeux vers le ciel, fa patrie,
Offrant à l'éternel un cœur pur & docile ;
Elle vit fans effroi s'approcher le trépas.

DE SERVAN, ancien avocat général au parlement de *Grenoble*, l'auteur du *fameux difcours* fur l'adminiftration de la juftice criminelle, & de plufieurs autres ouvrages du même genre.

Le magiftrat de France le plus en état maintenant, de porter la lumiere dans cette partie de notre légiflation, un des hommes le plus éloquens de ce fiecle, auffi refpectable par fes vertus, qu'eftimable par fes grands talens & fa parfaite connoiffance des loix. C'eft lui qui, dans *des réfléxions* (1) pleines d'idées profondes fur

---

(1) Réflexions fur plufieurs points de nos loix à l'occafion d'un procès important.

Il eft bon de rappeller que cet excellent ouvrage, cet ouvrage auquel un innocent dût la vie, fut long-

D

la législation , sur-tout sur la jurisprudence criminelle , de morceaux d'une éloquence sublime
a dessillé les yeux de juges prévenus, les a forcés
par l'ascendant de son génie secourable & de
l'opinion publique, à rendre l'honneur & le repos à un magistrat innocent (1), sur la tête duquel le fer des loix restoit suspendu par leur
coupable décret. C'est lui qui, long tems avant
la restitution qu'on vient de faire aux Protestans,
d'une partie de leur droits, avoit défendu dans
un mémoire, plein de sensibilité, de raison &
d'humanité, la validité d'un mariage dont l'amour,
la nature & la bonne foi avoient serré les nœuds,
l'honneur d'une pauvre femme protestante, qu'un
époux infidele se couvrant de l'iniquité de nos
loix, vouloit lui ravir par une dissolution in-
jurieuse (2). C'est lui (ô honte de notre siecle)

---

tems prohibé , & que la haine d'un *corps* pour l'auteur
pensa perdre *l'innocent* qu'il avoit défendu.

(1) M. Devocance , président au parlement de Grenoble.

(2) Mémoire pour une femme protestante , *Marie
Robequin , femme Gaime* , où l'on trouve un morceau
admirable sur la sainteté naturelle du mariage.

D

que son zele à défendre la cause des mœurs contre une courtisane protégée ; a forcé d'abandonner les fonctions importantes du ministere public qu'il remplissoit avec tant d'honneur & de
gloire. Enfin, après un long silence, sa plume
patriote, réveillée par d'heureuses circonstances,
a jetté dans la foule des écrits qu'elles ont enfantés, deux ou trois esquisses, qui renferment
des conseils, que la patrie ne doit point négliger (1). Lui & M. Dupaty étoient appellés à refondre nos loix criminelles, & dignes par leur génie,
de travailler au grand plan de la constitution ;
ce seroit une honte pour nous, un malheur pour
la nation, si après avoir perdu ce dernier, on
n'appelloit pas, soit au milieu de nos législateurs,
soit à quelque dignité qui le mette à portée de
développer de la maniere la plus utile au peuple, ses lumieres & ses vertus ; celui qui nous
reste, le magistrat vénérable, dont l'humanité
éclairée, n'a cessé d'attirer sur les malheurs

____

(1) Voyez entr'autres l'excellent opuscule intitulé :
Réflexions sur la réformation des Etats-Provinciaux.
Le style de cette brochure suffiroit seul pour placer
M. de Servan sur la ligne de nos plus grands écrivains.

de

D

de l'innocence accufée , attention publique ; celui que fes connoiffances & fon expérience rendent le plus capable de refaire nos loix , de préfider à leur adminiftration.

DUSAULX.

Auteur d'un ouvrage utile fur la paffion du jeu ; d'une belle, traduction de Juvenal, AMI DU VERTUEUX MABLY.

C'eft faire preuve d'énergie dans l'ame, que de choifir pour modele un écrivain éloquent, dont les ouvrages prouvent fi bien l'énergique vertu.

Nul homme n'a défendu les droits de l'homme contre les tyrans, avec plus d'intrépidité & de chaleur que Juvenal ; par-tout dans fes fatyres refpire une ame libre & forte, l'amour de l'hu-manité , la haine de l'oppreffion.

Si pergama dextra
Defendi poffent , etiam hâc défenfa fuiffent.

Boileau pour le peindre s'eft élevé jufqu'à lui.

Ses vers tous pleins d'affreufes vérités
Etincellent pourtant de fublimes beautés ;
Soit que fur un refcrit émané de Caprée ,
Il brife de Séjan la ftatue adorée ;

O

D

Soit qu'il faſſe au ſénat courir les ſénateurs,
D'un tyran ſoupçonneux pâles adulateurs ,
Ou que pouſſant à bout la luxure latine
Aux porte-faix de Rome il vende Meſſaline.
Ses écrits pleins de feu par-tout bri lent aux yeux.

La traduction de M. Dufaulx, annonce ſouvent
un rapport qui lui fait honneur dans l'ame du
traducteur, avec celle de l'auteur qu'il traduit ;
le parallele qu'il fait de Juvenal & d'Horace (1), eſt tout plein du génie du premier.

Puiſqu'il n'exiſte plus parmi nous de Juvenal,
ce fléau des ariſtocrates, que M. Dufaulx puiſſe
paroître dans l'aſſemblée nationale, la ſatyre contre
les nobles à la main, que Juvenal tonne par
ſon organe contre ces tyrans, comme il tonnoit
contre les oppreſſeurs de Rome.

 » Rarus enim ferme ſenſus communis in illâ
 « Fortuna

---

(1) Voici une épitaphe de cet écrivain, qu'un de mes
amis m'a quelquefois récitée :

Courtiſan dépravé , poëte adulateur ;
Horace fait un dieu du déteſtable Octave,
Et dans ſes vers polis étale ſans pudeur
L'eſprit d'un libertin & le cœur d'un eſclave.

D

« Sois Paulus ou Drufus, (l'Hopital ou Sully,
» foit même fi tu veux le defcendant du grand
» Henri); mais fois - le par des mœurs qu'ils
» euffent avoués ».

Moliffima corda
Humano generi dare fe natura fatetur
Qua lachrymas dedit.

F

FRÉVILLE. On le dit attaché aux principes des
économiftes, mais fans être aveuglé par l'efprit de
parti. Homme fimple & point intriguant ; folitaire
& peu connu, quoique plein de lumieres & de
connoiffances politiques.

G

GERARD (l'abbé), auteur du *Comte de Val-
mont*, ou les Egaremens de la raifon, livre où, à
travers tout le fatras facerdotal, on trouve d'importantes vérités, prouvées & défendues avec la profonde perfuafion d'un cœur pénétré de la néceffité
d'une religion, plein de zele pour les mœurs & la
vertu. Peu d'ouvrages refpirent plus fréquemment
une fenfibilité auffi touchante & auffi vraie. Il y
en a peu où la loi naturelle foit développé avec

G

une éloquence plus perfuafive. L'auteur, il eft
vrai, a fouvent défendu les dogmes durs ou ab-
furdes de la fuperftition, mais toujours fans aigreur
& fans fanatifme, & feulement, à ce qu'il paroît,
pour remplir ce que fa confcience lui montroit
comme un devoir.

H

HOLLAND, anglais, mathématicien célebre,
écrivain français. L'homme qui joint le génie à la
probité, appartient à toutes les nations. La patrie
d'un grand écrivain vertueux eft le monde entier,
qu'il éclaire.

M. Holland, quoiqu'étranger, a écrit pour
nous & dans notre langue : il a des droits facrés à
notre reconnoiffance.

Il eft l'auteur des *Réflexions* vraiment *philofo-
phiques* fur le *Syftéme de la Nature*. C'eft fous ce
titre modefte qu'en combattant cet affreux *Syftéme*,
il a développé les vrais principes de la morale naturelle avec toute la force d'une dialectique fupérieure même à celle de Clarke & de Bayle, parce
qu'elle eft toujours droite & toujours animée par
l'intérêt du ftyle, par la vive perfuafion d'un cœur

H

fenfible, qualités fi étrangeres pour l'ordinaire à la froide & feche dialectique.

Quel plus beau titre auprès de nous que d'avoir défendu la providence, la vertu & les mœurs avec les armes de la raifon la plus lumineufe & de la plus faine éloquence ; d'avoir prémuni nos enfans contre le poifon d'un ouvrage dangereux ; quelle tête plus philofophique & plus forte ! M. Holland eft de plus perfonnellement recommandable par une vie modefte & folitaire.

L

LE GRAND DE LA LEU, avocat au parlement.

On a nommé des avocats incapables, connus par leur efprit de difcorde & leur avidité, & on a oublié l'homme courageux, que fon *ordre* a eu la lâcheté de rayer, pour avoir figné le fameux mémoire dans lequel un magiftrat humain défendoit la vie de trois innocens frappés d'un arrêt de mort. Qui donc auroit plus de droit parmi nous à la reconnoiffance & à la confiance publiques ?

———

HÉLAS ! que ne vit-il encore cet ami de l'humanité, qui s'eft expofé aux perfécutions pour arracher au fupplice trois malheureux accufés ; qui ne craignoit pas d'attirer fur lui la haîne fi redoutable des

L

corps, pourvu qu'il pût parvenir à fauver leurs
victimes ! Pourquoi la mort a-t-elle ravi aux opprimés, que la barbarie des loix & l'infouciance
de leurs miniftres lui dévoue, cet homme dont la
pitié infatigable alloit tous les jours dans les prifons
chercher des innocens pour les défendre ; aux pauvres, que nos codes affreux plongent à chaque
inftant dans la mifere, l'efclavage & le défefpoir,
le magiftrat dont le zele bienfaifant, au-deffus des
vains jugemens de l'opinion, vifitoit fans ceffe &
par-tout, fans craindre de bleffer la dignité de la
magiftrature, les greffes, les tribunaux, les galeres
mêmes, pour dévoiler à l'Europe quelque atrocité
des ariftocrates, quelque nouvel attentat des codes
pénaux ? Où eft-il l'écrivain éclairé, l'orateur intrépide dont la voix, animée par la vertu, dénon-
çoit à l'équité publique, à la juftice de notre monarque, les crimes des riches & des puiffans,
commis à l'ombre des loix ; appelloit à grands
cris, contre ces loix coupables, fa main réforma-
trice ? Ah ! combien d'innocens peut être ont péri
immolés par l'indifférence des juges, ou le glaive
de ces loix, depuis que du Paty n'eft plus là pour
les défendre ! Hélas ! il n'eft plus le pere des innocens accufés, le magiftrat qui, dans fes études,

L

ſes travaux, ſes voyages, n'avoit ceſſé de raſſembler toutes les lumieres de la ſcience & de la raiſon, de rallier toutes les forces de l'humanité & de
la juſtice bleſſées contre ces ſtatuts, cette juriſprudence de ſang, dont la dureté & l'orgueil des ariſtocrates ont ſouillé nos loix criminelles ! Il nous
eſt enlevé celui que toutes nos provinces, témoins
de ſes triomphes, euſſent envié pour repréſentant
à celle qui l'a vu naître ! Nous n'avons pu l'appeller au milieu des reſtaurateurs de la patrie :
ſon nom manque parmi tous ces noms ; mais il eſt
comme ces images vénérables dont parle Tacite,
que l'on remarquoit d'autant plus, que la jalouſie
craintive d'un tyran s'obſtinoit à les écarter. *Eò
magis præfulgebant, Caſſius & Brutus quò non
videbantur.* Si ſa bouche éloquente ne peut plus
dénoncer aux repréſentans de la nation aſſemblés
tous les crimes de nos loix, interrogeons au moins
ſes écrits, dépoſitaires de ſes connoiſſances & de
ſes principes : que ſon ombre vertueuſe ſoit ſans
ceſſe au milieu de nous, pour nous rappeller à
l'humanité, à la juſtice. Au moins ſi nous avons
perdu dans *du Paty*, l'un des deux fléaux de l'ariſ-
tocraciſme pénal, l'un des deux magiſtrats dont
tous les travaux, toute la vie ont été employés à

L

préparer la réforme de notre code criminel, n'oublions donc pas que l'autre (1) heureusement existe encor. Empressons-nous de nous aider de ses conseils, de nous éclairer de ses lumieres.

Voyez les Mémoires pour les accusés de Chaumont.

Mémoires pour sept hommes condamnés à la roue à Metz.

Lettres sur l'Italie.

Un des meilleurs ouvrages qu'on ait fait contre l'aristocratie. Son succès est resté bien au-dessous de son mérite. S'il paroissoit en ce moment, il réussiroit sûrement bien davantage. On pardonneroit aisément du mauvais goût & des fautes de style, en faveur de l'humanité & du courage de l'écrivain, en faveur de son éloquence, de l'énergie de ses principes, de la profondeur de ses idées, de la sagacité & de l'utilité de ses observations, de la vérité de ses tableaux.

Eh ! que fait aux yeux *d'un homme sensé* le style d'un écrivain, quand son ouvrage annonce une raison saine & exercée, une ame vertueuse & sensible ?

____

(1). Est-il besoin de nommer M. de *Servan*.

L

D'ailleurs , l'élégant imitateur de Tibulle , le précepteur du copiste de Laocoon , l'orateur dont la pathétique éloquence a ému tous les cœurs de compassion pour les souffrances des accusés de Metz & de Chaumont, le peintre fidèle des crimes de l'aristocratie italienne & des vertus de Léopold , fera sans doute mis , par l'impartiale postérité , au rang de nos meilleurs écrivains.

Et malgré l'indigne sarcasme attribué à Voltaire, sarcasme qu'il ne falloit pas répéter , parce qu'on ne doit jamais rappeller les injustices d'un homme de génie , le magistrat dont la fortune & la vie furent consacrées à la défense du malheur, à la réforme de nos loix criminelles , furent vingt fois risquées dans cette noble carriere , est compté depuis long-temps parmi les plus respectables magistrats.

Il doit triompher aujourd'hui de la malignité des aristocrates de la littérature & de la robe , celui qui a porté des coups aussi vigoureux à l'aristocratie.

M

M ALLET DU PAN , Génevois , écrivain français.

M

Voyez fa continuation des *Annales politiques de Linguet*.

Il y a faifi toutes les occafions d'attaquer les vices affreux de notre jurifprudence criminelle, de défendre les malheureufes victimes de nos loix.

Il y a rendu un compte fidèle, & toujours avec une maniere pleine d'intérêt, de plufieurs procès où l'on a vu l'innocence pauvre & fans appui fe débattre contre la méchanceté, foutenue du crédit & de la richeffe, & toujours il a pris la défenfe des opprimés.

Dans l'analyfe du procès du comte de Solar, fon éloquence s'eft armée de toutes les forces de la raifon & de l'humanité, contre l'imprévoyance cruelle de nos légiflateurs, qui n'ont ménagé aucune reffource, décerné aucune indemnité aux infortunés que l'on déclare innocens, après les avoir laiffé languir pendant des années dans les prifons, après leur avoir fait ainfi fubir les horreurs d'une longue incertitude, & quelquefois même de la torture.

Dans le compte qu'il rend du procès de M. de Vocance, qui eft plutôt un beau plaidoyer qu'une fimple analyfe, il ajoute encore de nouvelles lumieres à celles qu'avoit déja répandu fur cette

M

affaire M. de Servan, & n'a pas peu contribué à
sauver l'honneur & la vie à ce magiſtrat infortuné.

Il nous a fait connoître les ſages reſcrits du
grand duc de Toſcane, dont M. du Paty a fait un
ſi bel éloge dans ſes Lettres ſur l'Italie.

Nous lui devons encore, ſur les loix relatives à
l'empriſonnement des citoyens, des Obſervations
dictées par l'humanité & par la prudence.

La juriſprudence criminelle eſt avec raiſon l'objet qui l'a le plus occupé, qui a le plus excité ſes
vives réclamations, parce que de ſa réforme dépend la ſûreté de la vie d'une foule de malheureux.

Pluſieurs autres morceaux de ſes Annales annoncent un penſeur profond & ſage, un ami de l'humanité, un homme verſé dans la partie théorique
& adminiſtrative des gouvernemens.

On voit qu'il ne s'eſt point laiſſé aveugler par
les apparences, ſur les cauſes qui peuvent opérer
le bonheur réel des états. Il n'a point été étourdi
des cris de nos prétendus philoſophes en faveur de
la liberté. Il a fait voir ce que c'étoit que cette
liberté ſi vantée ; combien, de tout temps, les tyrans avoient abuſé de ce mot, dont le ſon eſt ſi
doux, pour opprimer les hommes.

Dans ſon extrait du livre, plus dangereux encore

M

que célèbre , de l'abbé Raynal , il a défendu , avec une éloquence vraiment humaine , la religion des fimples , toutes les croyances utiles qui affermiffent la probité , & fur lefquelles s'appuie la morale privée , véritable bafe du bonheur général , contre les téméraires & funeftes déclamations, contre l'audace d'un faux philofophifme , qui , en rompant tous les liens de la force , en ôtant à la foibleffe tous fes appuis , ne tend qu'à augmenter la dépravation , qu'à favorifer l'oppreffion du genre-humain , qu'à nous précipiter dans toutes les horreurs d'une anarchie générale du *defpotifme de tous contre tous.*

Enfin , il eft le premier qui ait rendu une juftice éclatante à l'excellent livre de M. d'Argenfon *fur le gouvernement de la France,* livre très-peu connu, & fans contredit beaucoup plus utile que l'*Efprit des loix* , & même que le *Contrat focial* , dont les quatre derniers livres, gâtés par la lecture de l'Efprit des loix , ne laiffent pas que d'être infectés , en quelques endroits , du venin de l'ariftocracifme.

Dans l'excellente efquiffe qu'il a donnée de ce livre profond , en comparant le plan de M. d'Argenfon avec celui de M. Necker , fur les adminif-trations provinciales, il a prouvé qu'avec l'air de

M

tout renverſer , ce que propoſe le miniſtre des
affaires étrangeres , étoit plus praticable & plus
utile que les moyens de conciliation , les modifications, les vains correctifs imaginés par le direc-
teur des finances ; que le premier alloit mieux au
but , parce qu'il remontoit aux ſources du mal &
les tariſſoit, au lieu que l'autre voulant tout arranger, tranſiger avec tous les abus , ne produiſoit
aucun effet ſenſible , & laiſſoit ſubſiſter tous les
maux.

D'où vient donc a-t-il paru quelquefois s'éloigner des grands principes , qu'on ne doit jamais
perdre de vue , quoique les circonſtances décident
ſeules de l'application ?

La vue de nos vices, qui pervertiſſent l'uſage
de nos lumieres, lui auroit-elle inſpiré une défiance
exagérée ſur la poſſibilité d'apporter de vrais remedes à nos maux (1) ?

Seroit-ce le déſeſpoir de notre régénération qui,

---

(1) Voyez à la fin la note ſur la différence des mœurs
de Paris d'avec celles des Provinces , & ſur l'injuſtice qu'il
y auroit à juger les François d'après les Pariſiens.

Voyez encore le quatrieme volume d'Emile ſur la maniere de juger une nation , pages 296 & ſuiv.

M

l'écartant des grands moyens, auroit souvent tourné
ses recherches vers de petites vues, vers d'inutiles
palliatifs, à des maux qu'il croiroit incurables?

Penseroit-il aussi que *tout est assez mal sur la
terre ; mais que tout a toujours été ainsi, & que
peu de choses peuvent être mieux ?*

Oui, c'est la clef la plus naturelle de ses con-
tradictions, de l'espece d'acharnement qu'il a
montré, par esprit de système, contre les Américains & les Quakers. En rassurant sur sa probité,
elle explique l'apparente versatilité de ses principes.

En ce cas, je le plains ; car il étouffe la sensibilité sous de vains argumens & sous l'irascibilité
de la prévention.

Cette vaine & passagere pitié, qu'excitent des
maux, que l'on regarde comme ordonnés dans le
système général, tient au mépris ; elle peut dégé-
nérer en indifférence.

L'entêtement qui vient de défiance, finit par
endurcir le cœur à l'image touchante des maux de
l'humanité : quand on ne croit plus au retour de
la vertu & du bonheur, l'ame fermée à l'estime
& à l'espérance, se ferme bientôt à la pitié, qui
ne vit que d'espoir & du sentiment de l'innocen-

M

ce (1). Or, la raifon qui amortit la pitié, eft une raifon barbare & coupable, puifqu'elle viole une des loix de la nature.

Pourquoi prendre un bizarre plaifir à exiler de fon cœur l'efpoir & la confiance ? Ce font les feuls appuis du malheur & de la vertu.

Ces réflexions lui paroîtront peut-être ridicules. Il attribuera peut-être à l'étourderie de l'inexpérience des obfervations que fon expérience & fa fageffe lui donnent le droit de juger ; mais je lui déclare qu'elles me font dictées par la plus profonde eftime, qui ne me laiffe entrevoir qu'avec peine fa philofophie adoptant le fyftême des indifférens, pour s'y retrancher contre nos folies & nos vices.

Qu'il permette encore à un jeune homme dont l'ame au moins, j'ofe l'en affurer, fe fent honnête & fenfible, qu'il lui permette, dis-je, de l'inviter à tourner plus fouvent fes regards vers la Tofcane, heureufe par les loix fages & les vertus bienfaifantes de ce Léopold, qu'il nous a fait connoître ; vers la Suède , fi bien gouvernée par

---

(1) Sondez votre cœur & lifez le tome troifieme des Études de la Nature.

M

un roi dont le courage égale l'habileté ; à fonger aux bienfaits & à la droiture de notre bon monarque, & il fe tiendra mieux en garde contre l'opiniâtreté fyftématique, contre ce qui me paroît, peut-être à tort, être de la mauvaife humeur & de la colere.

Il en reviendra à croire que fi l'efprit d'infubordination n'eft pas l'efprit de liberté, une grande autorité peut être le frein de la licence.

En renaiffant à l'efpoir de notre reftauration, il fentira peut-être que fi la manie des réformes & des innovations, fans réflexion ni mefure, eft dangereufe, la prudence, qui dégénere en timidité, qui tergiverfe, qui fe borne à appliquer une foule de petits remedes à de petits maux particuliers, l'eft encore davantage ; il fe perfuadera qu'on ne guérit, qu'on ne foulage même pas réellement un homme en compliquant les moyens de fa guérifon, en multipliant les cauteres, en appofant une emplâtre fur chaque place ; mais qu'il faut, comme dit Rouffeau, *épurer la maffe du fang*, qui les produit tous.

Quoi qu'il en foit, & quoiqu'il puiffe penfer de ces obfervations fingulieres, on ne fauroit donner trop d'éloges à la fageffe avec laquelle il rédige

la

M

la partie politique du Mercure depuis la révolution. Sa maniere eft toujours pleine d'intérêt ; fes réflexions courtes, fimples & profondes, comme le font celles des hommes vertueux qui ont long-temps étudié les hommes, qui ont vu de près les vices & les maux de l'humanité.

Voyez dans le Mercure du 5 feptembre fes obfervations fur la liberté des opinions religieufes.

C'eft-là le langage de la faine philofophie.

Remarquez fur-tout la modeftie de cet écrivain eftimable, qui, après tant d'années de méditations, d'études & d'expérience, a prefque toujours l'air de douter de tout, tandis que tant de philofophes & de *citoyens* d'un jour ne doutent jamais de rien.

MERCIER , auteur de l'An 2440 , ouvrage plein de vues profondes & lumineufes, de génie & d'amour pour l'humanité.

De l'Indigent , de Jenneval , du Déferteur , drames qui annoncent un grand caractere , de la fierté , de l'énergie dans l'ame, un zele ardent à défendre les droits des malheureux , que des riches coupables voudroient avilir ; un fentiment profond de pitié pour les claffes opprimées de la fociété , & de l'égalité naturelle des hommes.

P

M

Des Portraits des rois de France.

Des Notions claires fur les gouvernemens.

MORELLET (l'abbé) , écrivain fyftématique ;
mais rempli de lumieres & de connoiffances politiques.

P

PLUQUET (M. l'abbé), auteur de la Socia-
bilité.

Du Traité philofophique & politique fur le
luxe.

Peu de philofophes font defcendus auffi avant
dans le cœur humain, en ont mieux fondé l'abyme,
en ont développé , dans un ordre plus clair , les
fentimens fecrets , qui font les feules véritables
regles de nos devoirs, & dont fe compofent la félicité de l'homme & celle du genre-humain; nul
écrivain n'a mieux connu notre nature, les dou-
bles loix de notre organifation morale & phyfique,
n'en a faifi , avec un œil plus sûr , la liaifon intime,
ne l'a démontrée par des obfervations plus exactes,
n'en a déterminé les rapports étroits avec plus de
précifion & de jufteffe. On voit que par-tout un
cœur droit , une ame faine & fenfible à la pitié,

P

ont conduit l'attention tranquille , la méditation
patiente , la raifon étendue , la philofophie éclairée ; par-tout les découvertes de la réflexion s'appuient fur la droiture de la confcience , fur la bonté
du cœur ; les révélations de l'étude , fur la fainteté des mœurs , fur la pureté des habitudes. Le
philofophe , en fcrutant le cœur humain dans fon
propre cœur , y trouve les deux inftincts facrés qui
font les bafes de la morale & du bonheur univer-
fels , le fentiment de la divinité & la pitié. Eclairé
de ces deux flambeaux , leur lumiere, qu'il ne
perd jamais de vue , dirige les élucubrations de la
raifon , & l'empêche de s'égarer dans fes recherches. Avec cette heureufe clef, le fecret de notre
conftitution phyfique , de nos penchans naturels ,
des inclinations douces & modérées , d'où dépend
notre contentement , de nos paffions & de nos
vices, s'ouvre fans peine à fes yeux.

S'il n'a pas les élans , l'afcendant du génie , il
n'en a pas non plus les écarts ; il convainc les efprits attentifs , porte dans les ames calmes le charme
d'une douce perfuafion , cette fatisfaction paifible ,
cet affentiment intérieur de la confcience , que fait
naître dans les cœurs vertueux la vérité évidente.
lorfqu'elle fe montre à eux préfentée par la fageffe,

P

unie à la vertu, & sans doute ces sentimens ont bien aussi leur prix.

Les travaux de l'écrivain vertueux, qui n'a pour lui que l'autorité de la sagesse, & qui n'a point assez de chaleur pour la répandre, ne sont jamais immédiatement utiles à la multitude, qu'on ne rend attentive qu'en l'intéressant, *qui ne reçoit la lumiere que par l'organe du sentiment.*

Mais le talent & le génie peuvent s'en éclairer & s'en aider, peuvent animer de la vie du sentiment les leçons de la sagesse & les faire goûter aux cœurs. Le génie seul sait emmieller le breuvage salutaire.

Le philosophe mettra toujours dans sa bibliotheque les deux ouvrages de M. Pluquet, après ceux des Xénophon, des Epictete, des Marc-Aurele, des Penn & des Harington.

L'auteur, par sa profonde sagesse & par son humanité, appuyée sur des principes aussi vrais, éclairée par des lumieres aussi sûres, mérite autant que qui que ce soit l'honneur de contribuer à la restauration de sa patrie.

R

ROMILLY, Genevois.

R

On lui a attribué *le Philadelphien à Geneve*, ainfi qu'à M. Briffot de Warville.

En tous cas, Geneve eft une bonne école de patriotifme & de lumieres politiques, & M. Romilly avoit l'eftime & l'amitié de J. J. Rouffeau.

RUTLEDGE (le Chevalier James), baronnet, anglais d'origine, mais né à Dunkerque, habitué en France, & écrivain français.

Il faut oublier fes romans, fes drames, & les pardonner à la fougue de l'âge, à l'irafcibilité littéraire.

La foibleffe de fes autres ouvrages, & l'incorrection bizarre du ftyle de l'auteur, trouvent une excufe dans fes infortunes, caufées par la fripponnerie de quelques gens d'affaires, par les lâches perfécutions de quelques peftes publiques que fon intrépide courage avoit ofé démafquer. Ne lui laiffant prefque jamais le temps de limer fes productions, il a pris la mauvaife habitude d'un travail trop rapide, & d'un ftyle plus que négligé.

Amicus Plato, fed magis amica veritas.

Des goûts frivoles, l'amour aveugle des jouiffances, habitudes de la jeuneffe, paroiffent avoir un peu altéré dans fa tête la *rectitude* inflexible des principes du *bonheur général*; car ils s'y trou-

R

vent souvent mêlés de quelques systêmes dangereux sur la culture des arts & sur le commerce.
Il s'engoue quelquefois pour les richesses & l'éclat
extérieur des empires : il perd de vue cette grande
vérité, que toutes les industries illimitées peuvent
bien donner une prospérité apparente aux sociétés,
mais sont les premieres causes de leur ruine, en
amenant par dégrés la dépravation, & par réaction,
le malheur des hommes.

Ainsi, d'anciennes passions peuvent égarer la
maturité même du talent. Ainsi, le génie d'un
écrivain tient à la constante pureté de sa morale.

L'auteur n'en a pas moins des titres rares à l'estime & à la confiance publiques.

Il est du petit nombre des architectes capables
de bâtir le grand édifice de notre constitution (1).

C'est un véritable ami du peuple (2), un homme

____

(1) Voyez tome 3 de Calipso ou les babillards, une
notice très intéressante de la vie & des ouvrages de
James Harrington, auteur de l'*Oceana*.

(2) Voyez le premier Essai sur le commerce des objets
ruraux Dans Calypso ou les Babillards, tome premier,
& *id.*, le récit du beau trait de bienfaisance de M. An-
gran, lieutenant civil du Châtelet de Paris, magistrat
vraiment respectable, envers des malheureux emprisonnés
pour dettes.

R

fort au-deſſus des ſots préjugés de l'orgueil & de la naiſſance, rempli de lumieres, de force d'ame & de génie, eſtimé & aimé de M. Necker, ſans être adulateur ni eſclave.

Je n'en vois pas qui réuniſſe à-la-fois des con-noiſſances auſſi étendues & auſſi variées. C'eſt vraiment pour lui que toutes les ſciences ſont ſœurs ; car elles ſe tiennent & ſe claſſent toutes dans ſa tête. Depuis les loix de la phyſique & de l'aſtronomie, ſur laquelle il a donné une théorie nouvelle, qui ſuppoſe un travail immenſe & les obſervations les plus aſſidues, juſqu'à la peinture & la muſique, juſqu'aux loix des arts mécaniques, de la culture des terres, de la manipulation de toutes les matieres premieres, il a tout étudié, tout approfondi avec une égale application, porté dans toutes ces études, ſi diverſes & ſi multipliées, le même eſprit d'obſervation & les lumieres du génie. C'eſt l'homme le plus réellement univerſel qui exiſte & qui ait peut-être jamais exiſté. Joignez à cette réunion incroyable de connoiſſances, le talent de la parole, la facilité de l'élocution, qu'il poſſede dans une perfection auſſi rare, & vous vous étonnerez qu'un homme de ce mérite ſoit auſſi peu connu parmi nous.

R

Il faut attendre, pour juger de tout fon génie, qu'il ait publié un *plan de législation*, un ouvrage *fur la civilifation*, rédigé d'après l'Oceana & les autres écrits du célebre *Harrington*.

Il mûrit cet ouvrage depuis plus de vingt années ; & tous ceux qui le connoiffent déja, s'accordent à dire qu'il réunit à la profonde fageffe, à l'huma-té éclairée, au vafte génie de cet anglais, toute l'originalité de Montefquieu.

Il ne tardera sûrement pas à paroître, puifqu'enfin nous fommes mûrs pour le lire, puifque nous fommes heureufement difpofés pour mettre à profit les idées, le *plan fublime* de l'ami de l'infortuné Charles Ier, qui fera toujours regardé, par ceux qui le connoîtront, comme un des plus vertueux écrivains politiques, parce qu'il fut toujours con-former fa vie à fes principes.

Oui, quoiqu'en ait dit le *fuperficiel* (1) Mon-

---

(1) Voyez l'Avant-propos des *Confidérations fur les Principes politiques de mon fiecle*, & vous ne ferez pas tenté de m'accufer de blafphême pour ofer dire, ce qui eft vrai, que l'auteur de *l'Efprit des Loix* fut fouvent un génie *fuperficiel*.

R

tefquieu (1) , *Harrington* fera toujours révéré par
les ames vertueufes & fenfibles , fera toujours pour
elles un de ces génies d'un ordre fupérieur , une
de ces ames adorables qui ont toujours eu le defir
éclairé du bonheur général , le fentiment profond
de l'humanité.

---

(1) *Montefquieu* , qui a tant puifé dans l'admirable auteur de *l'Oceana* , fans avoir pu y puifer fa profonde fageffe , ni fon ame , n'a cependant daigné dire qu'un mot
de lui , comme en paffant , & encore ce mot eft-il une
injuftice voilée de termes énigmatiques , comme tant
d'autres erreurs funeftes , répandues dans l'*Efprit des Loix*.

Il a dit , en parlant de *Harrington* , *qu'il avoit bâti
Chalcédoine , ayant le rivage de Byʒance devant les
yeux.*

Mais c'eft juftement , parce qu'il avoit *le rivage de
Byfance* devant les yeux qu'il *a bâti Chalcédoine*.

C'eft parce qu'il a vu que fes compatriotes s'écartoient
des vrais principes de l'ordre focial , qu'il a cherché à
les y rappeller....

C'eft parce qu'il a fenti combien étoient vicieux les
élémens dont fe compofoit petit à petit la *conftitution
angloife* , qu'il a dreffé le plan d'une conftitution dont
tous *les élémens* euffent vraiment , pour fin , le bonheur
général , dont le but & l'effet fuffent réellement de
l'opérer.

R

Les ouvrages du *chevalier Rutledge* bons à consulter, sont :

1°. Le Babillard, bon à parcourir. Il y a très-peu d'endroits où l'attention puisse se fixer.

2°. Essais politiques, 3 vol. édit. de Londres, 1784. A lire en entier.

3°. Calypso ou les Babillards. On y trouve quelques morceaux à distinguer ; des réflexions saines sur le mariage, qui annoncent une bonne morale privée.

L'excellente Notice sur *Harrington* ; des Réflexions pleines d'humanité & d'éloquence sur le sort affreux de nos cultivateurs, dans quelques *Essais sur le commerce des objets ruraux*, &c. &c. &c.

Un bon morceau sur la liberté de la presse.

Un autre sur les effets *de la vénalité & de l'esprit des corps.*

4°. Eloge de *Montesquieu*, envoyé trop tard à l'académie, qui l'avoit proposé.

Laissez de côté les *vues profondes* que l'auteur prête à *Montesquieu*, qui en étoit le plus souvent fort éloigné.

Ayez le courage de passer sur la bizarrerie du

R

ſtyle , & vous trouverez dans cet éloge beaucoup d'idées neuves & profondes, entr'autres celles ſur *la vénalité*, ſur *les parlemens*, ſur les cauſes de notre longue nullité.

5°. Mémoire pour les boulangers.

T

THORILLON, ancien procureur au châtelet, & préſident du diſtrict de Saint-Marcel.

Auteur des *Idées ſur les impôts publics*, par M. Minau de la Miſtringue.

Des *Idées ſur les loix criminelles*, 2 vol. *in-*8°.

Bon patriote, homme inſtruit, & qui pourroit donner de bonnes idées lorſqu'il s'agira de refondre nos codes civil & criminel. Un honnête homme, inſtruit par ſa profeſſion de tous les abus de détail dans l'adminiſtration des loix, eſt un homme pré‑cieux. Il ſait ſouvent mieux qu'un autre quelles ſont les loix que peuvent comporter nos mœurs, parce qu'il a vu de près les petites ruſes & tous les détours de nos mœurs pour les éluder.

TISSOT , médecin.

A l'exemple de Galien , d'Hypocrate, de Boër‑

T

haave & de *Sydenham*, il a étendu la médecine
à la morale.

C'eſt un homme reſpectable, par l'uſage qu'il
a fait de ſes connoiſſances, quoique ſon ouvrage
contre l'*onaniſme* ait peut-être achevé de perdre
par l'*effroi* (1) beaucoup de jeunes gens que l'ardeur du tempérament avoit commencé à égarer.

Il a prouvé que la vertu étoit la meilleure ſauve-
garde de la ſanté ; il a rappellé aux loix de la nature des hommes que leur manière de vivre en
écarte.

Rouſſeau a dit, dans une de ſes lettres : « Com-
» bien de charlatans trouverez-vous parmi les
» médecins, pour un ſeul *Tiſſot* » ?

---

(1) La crainte eſt la cauſe première de tous les vices
ſur-tout *du vice honteux* de la maſturbation.

Augmenter la crainte, c'eſt donc augmenter le danger.

Un homme entouré de précipices eſt penché ſur le
bord d'un abyme. Montrez-lui dans le fond un noir phan-
thôme ; la peur va lui faire retrouver la force de fuir ;
mais où ? Son cerveau eſt tout rempli de l'image effrayante ;
ſa tête s'égare ; ſa vue ſe trouble ; il ne ſait plus ni où
il va, ni ce qu'il fait. *Raſſurez-le donc promptement*,
ſans quoi il va ſe jetter dans un autre abyme, ou dans
celui même qu'il vient d'éviter.

T

Il eſt eſſentiel auſſi de conſulter, pour la conſtitution & la légiſlation :

Les cinq premiers livres de la *Théorie des loix
civiles* , les Canaux navigables, la Réponſe aux
docteurs modernes , les Lettres ſur la *Théorie des
loix.*

Quelques morceaux des Annales politiques de
M. Linguet (1).

La Vie de mon pere, par N. E. Rétif de la
Bretonne ; tableau naturel & vrai de la vie patriar-
chale & des mœurs des cultivateurs.

---

(1) On ne parle point ici de l'avocat ; de l'avocat je
ne connois que la célébrité ; mais du penſeur politique,
de l'écrivain nerveux, du logicien vigoureux & exact, de
l'auteur de la Théorie des Loix , du Traité des Canaux
navigables, de la Réponſe aux Docteurs modernes, des
Lettres ſur la Théorie des Loix , &c. &c. , je connois le
mérite réel.

Conſidérations ſur les Principes politiques de mon ſiecle, &c. page 243.

Il faut excepter de ce mérite réel tout ce qui concerne
la défenſe de l'eſclavage , quoique cette défenſe me
ſemble être plutôt l'erreur de la raiſon que celle de
l'ame.

M. de Saint-Pierre , dans ſon Voyage à l'Iſle de France, a réfuté en deux lignes le ſyſtème de M. Linguet ſur
l'eſclavage.

T

Le Payſan perverti, du même ; tableau bien gradué du vice & de la corruption.

Les Pariſiennes, du même.

Les Françaiſes, du même.

Et quelques autres ouvrages ou morceaux dé-tachés d'ouvrages connus.

C'eſt en faiſant l'éloge de l'humanité avec laquelle les bons Hollandois du Cap de Bonne-Eſpérance traitent leurs eſclaves negres.

» Le ſort de ces noirs, dit-il, ſeroit préférable à celui » de nos payſans d'Europe, *ſi quelque choſe pouvoit com-* » *penſer la liberté* «.

Voyage à l'Iſle de France, tome 2, page 67.

NOTES

SUR DIFFÉRENS OBJETS

IMPORTANS.

PREMIERE NOTE.

I L n'y a que le mal de facile à faire.

M. de S. Pierre , Etud. de la Nat. , tom. 4 ,
Paul & Virginie.

JÉSUS fentoit bien qu'il n'y a que le mal de facile
à faire.

Il fentoit combien on peut caufer de maux avec
les intentions les plus pures, en prêchant la plus
parfaite morale , lorfque , voyant la corruption de
fes compatriotes & les vices de l'humanité , il annonçoit, dans un de fes difcours , qu'il feroit fur la
terre un objet de fcandale ; qu'il étoit venu pour
femer la difcorde dans les familles , pour divifer le
pere d'avec la fille, l'époux de l'époufe, le frere

d'avec la sœur. Hélas ! sa prédiction ne s'est que trop cruellement accomplie, pour le malheur de l'humanité.

Vantez-vous donc d'être utile avec un livre, dit à ce sujet l'auteur de *Virginie*, quand l'Evangile, le meilleur de tous, a été l'occasion de tant de maux.

SECONDE NOTE.

D'un bon gouvernement & des moyens de rétablir peu-à-peu l'égalité dans les propriétés.

« Tout gouvernement, quel qu'il soit, est
» heureux au-dedans & puissant au-dehors, lors-
» qu'il donne à tous ses sujets le droit naturel de
» parvenir à la puissance & aux honneurs ; & le
» contraire arrive, lorsqu'il réserve à une classe
» particuliere de citoyens les biens qui doivent
» être communs à tous ».
M. de Saint-Pierre, Etudes de la nature, tom. I,
page 456.

« En Hollande (1), où le *peuple* peut parvenir
» à tout, l'abondance est dans l'état, l'ordre dans

---

(1) On sent que ceci étoit fait avant la derniere révolution.

» les

(241)

» les villes, la fidélité dans les mariages, la tran-
» quillité dans tous les efprits, les querelles &
» les procès font rares, parce que tout le monde
» y eft content · · · · · *Son bonheur & fa puiffance*
» *ne font point dus à fa forme républicaine,*
» *mais à cette communauté de biens qu'elle pré-*
» *fente indiftinctement à tous fes fujets, & qui*
» *produit les mêmes effets dans les gouvernemens*
» *defpotiques, dont on nous fait de fi terribles*
» *tableaux* (1) » ?

Idem, *ibidem*, pages 460 & 461.

------

(1) Nous ne voulons pas voir que dans ces heureufes
contrées de l'Afie, *où l'homme eft encore cher à l'hom-*
me (A), l'humanité, l'égalité qui font les vrais caracteres de la liberté, les vrais fignes du bonheur d'un
peuple, mettant les fortunes des particuliers, la chaumiere du laboureur à l'abri des ufurpations des puiffans,
du régime deftructeur de l'affermement des impôts, des
exemptions & des privileges ; affurant au plus grand
nombre les folides biens d'une propriété qui fuffit à fes
befoins, & au petit nombre de ceux que les mauvaifes
mœurs ont ruiné, ou qu'un zele mal entendu de religion dévoue à l'indigence ; les foins confolans, les fecours affidus d'une charité fraternelle, maintiennent parmi
tous les habitans d'un même pays l'efprit de paix, de
modération & de patience, l'amour de la religion qui

(A) *Etudes de la Nature.*

Q

Osera-t-on aussi accuser cet écrivain, dont l'hu-

---

affermit le respect de l'autorité , entretiennent parmi tous ces peuples l'union, la bienveillance, les retiennent depuis des siecles sous l'empire invariable des mêmes coutumes , par l'attachement inviolable qu'une éducation douce , fondée sur l'indulgence & la tolérance universelles leur inspire dès l'enfance pour la personne, pour les mœurs , pour tout ce qui leur vient de leurs peres, les fixent sur le sol heureux & fertile , sous le doux climat de leur patrie , parce qu'ils en partagent tous les bienfaits ; parce qu'ils y jouissent tous d'avantages réels , & leur font ainsi goûter dans le cours paisible d'une vie fortunée tous les charmes d'une liberté commune à tous, parce qu'elle est raisonnable & réglée ; toute la félicité que l'être toujours bienfaisant nous permet de goûter sur cette terre (A).

(A) En lisant les livres de voyages en Orient & surtout ceux de Chardin , il est impossible de ne pas sentir que les Orientaux nous surpassent de beaucoup en bonheur & en vertu.

M. de Saint-Pierre , qui ne perd pas une occasion de rappeller les hommes à la justice qu'ils se doivent tous les uns aux autres, les a plus d'une fois défendus dans son livre contre les calomnies de quelques écrivains inconsidérés.

Voici un passage de ses *Vœux d'un Solitaire* où il nous fait voir combien ils sont plus humains que nous.

» En vain , dit cet écrivain sensible, l'Italien soupire » *chez nous* à la vue du figuier qui a ombragé son en-

manité & l'ame libre font fi connues , d'avoir
prêché le defpotifme ?

Non fans doute ; mais il a fenti que la liberté

» fance ; en vain l'Anglois admire dans nos champs
» François les cultures de fon pays ; l'un & l'autre
» mourront de faim au milieu de nos récoltes , s'ils
» n'ont point d'argent , & peut-être en prifon s'ils n'ont
» point de paffe-port , & s'ils font d'une armée ennemie.
» Ce n'eft point par cette indifférence pour les étran-
» gers que les Orientaux font parvenus à ce point de
» grandeur qui les a rendus le centre des nations. Ils ne
» voyagent point chez les peuples de l'Europe ; mais
» ils attirent chez eux des hommes de tous les pays
» par des établiffemens pleins d'humanité. C'eft pour
» leurs princes & leurs citoyens riches l'objet le plus
» méritoire de leur religion , de conftruire pour l'uti-
» lité des voyageurs, des ponts fur les rivieres , des ré-
» fervoirs d'eau fraîche dans des lieux arides, & des
» caravenferails dans les villes & fur les chemins. Sou-
» vent le tombeau du fondateur s'éleve auprès du mo-
» nument de fa bienfaifance , & on y diftribue à certains
» jours des vivres à tous les paffans. Le voyageur bé-
» nit la main qui lui prépare un fecours inefpéré au
» milieu d'une folitude , & il conferve à jamais le fou-
» venir de cette terre hofpitaliere. Les Orientaux per-
» mettent à toutes les nations l'exercice de leur reli-
» gion ; & s'ils en reçoivent des ambaffadeurs , ils les
» défraient pendant tout le tems de leur féjour. Telles
» font , à l'égard des étrangers, les mœurs des Turcs,
» des Perfans, des Indiens, des Chinois, de ces peu-
» ples que nous ofons appeller barbares «.

Q 2

civile étoit le premier des biens, la premiere source du bonheur & de la puissance d'un état, le fondement de la liberté politique, dont les dangers qui naissent à chaque instant de nos vices surpas

---

Voyez s'il y a beaucoup de vols & d'assassinats en Orient.

Chardin dit que de son tems on ne se souvenoit pas qu'il y eût eu d'exécution pour ces crimes dans la Perse.

Il n'y a ni voleurs ni assassins par-tout où les DROITS DE L'HUMANITÉ RESPECTÉS ASSURENT LE RESPECT DES DROITS DE LA PROPRIÉTÉ.

Ce sont les usurpations, les vexations des puissans & des riches, c'est leur avide égoïsme, leur impitoyable dureté, fruits d'une éducation intolérante, ambitieuse & cruelle qui rendent si fréquens dans *nos pays de liberté* cette atroce *réaction* de la misere & de l'esclavage contre l'oppression & l'inhumanité.

Voyez encore si les Orientaux sont turbulens & inquiets, s'ils se déplacent; s'ils voyagent, s'ils quittent leur patrie comme nous.

Par-tout où on se trouve heureux on y reste content & tranquille; c'est le malheur qui nous rend notre patrie indifférente & qui nous en chasse.

Voyez le tableau que Chardin fait du gouvernement de la Perse, tome 6 de l'édition en dix volumes de son voyage, pages 184 & suivantes, & comment, avec une sagacité profonde, il y démêle la félicité réelle du plus grand nombre à travers les apparences du malheur & de la servitude, qui ne sont réels que pour le plus petit.

C'est-à-dire, qu'il y fait voir qu'en Orient, le peuple

fent bien fouvent les avantages dont l'Angleterre, la Chine, la Perfe, les plus heureux pays du monde fe font toujours paffés, & qui, fàns la liberté civile, n'eft qu'une chimere qui fert aux tyrans à éblouir leurs victimes, ou eft femblable à cette liqueur enivrante dont la fermentation exalte les forces de l'homme & l'étourdit fur fes maux.

« La vénalité divife la nation en deux grandes » claffes de riches & de pauvres ».

Idem, ibidem.

M. d'Argenfon propofe un moyen bien fimple de détruire peu-à-peu la vénalité.

C'eft de faire une loi qui fépare les charges des titres, qui ne feront plus confidérés que comme de fimples contrats, dont on fera la rente au titulaire jufqu'au rembourfement (1).

On laifferoit une partie des charges & offices

---

eft heureux & libre, & que fes tyrans font miférables & enchaînés.

N'eft-ce pas là un affez bon gouvernement.

Les amis de l'humanité en conviendront, s'ils veulent y penfer, & laifferont prêcher une chimérique liberté à des déclamateurs fans mœurs ni vertu, dont l'ambition & l'orgueil s'étayent fur nos ruines.

(1) Ce moyen me paroît fi fimple, que je ne fais pas difficulté de le propofer au comité que *l'affemblée nationale* a chargé de détruire la vénalité fans faire tort aux propriétaires d'offices vénaux,

vénaux entre les mains des poſſeſſeurs juſqu'à leur mort, comme *diſtinds* du titre, qui ne ſeroit plus qu'un contrat de rente dont ils reſteroient propriétaires.

A leur mort, on en revêtiroit, gratuitement & indiſtinctement, *les plus dignes.*

« Je me ſuis étonné bien des fois qu'il n'y eût » point en France de loi qui mît des bornës aux » grandes propriétés ».

Idem , ibidem.

Une loi qui borneroit les propriétés, ne ſeroit peut-être pas exécutée, On a toujours éludé les loix agraires. Tant que les cauſes morales des grandes propriétés ſubſiſteront, & elles ſubſiſteront ſûrement encore long-temps, il eſt peut-être impoſſible qu'aucune loi ſpéciale puiſſe les borner.

M. de Saint-Pierre a dit ailleurs, qu'on n'opéroit aucune réforme qu'en procédant, comme la nature, *lentement & par réactions.*

Cherchons donc d'abord à détruire les cauſes morales & ſecondes de *l'augmentation indéfinie des propriétés* ; le temps fera le reſte.

En attendant la deſtruction des mauvaiſes mœurs, qui eſt la premiere & la plus difficile à extirper.

Commençons par l'impôt.

L'injuſte répartition de l'impôt, eſt ce qui favoriſe le plus dans un état les grands propriétaires aux dépens des petits.

L'impôt, qui ne tombe que fur le pauvre, augmente fon fardeau, déjà trop lourd, à la décharge du riche, qui n'eft déjà que trop foulagé par fa richeffe.

Cet impôt, également réparti entre le riche & le pauvre, fur un objet néceffaire à tous deux, charge le riche, fans foulager le pauvre, qui a tant de peine à fe procurer le néceffaire.

Ainfi, fupprimez d'abord toute inégalité avantageufe au riche ; elle eft un crime contre l'humanité.

Enfuite, faites retomber le plus que vous pourrez du fardeau fur le riche feul, & vous ramenerez le bonheur, en diminuant d'autant les grandes propriétés.

Supprimez donc tous les impôts que l'on paye actuellement, & fubftituez-y un impôt territorial en nature, qui fera proportionné aux facultés des contribuables.

Que cet impôt ne foit pas trop confidérable ; il greveroit les petites propriétés.

Portez tout le poids des impofitions fur les *matieres dépériffantes* (1), fur tous les objets de confommation qui ne feront pas de néceffité premiere, fur toutes les confommations, les jouiffances du luxe. (2)

____

(1) Voyez M. d'Argenfon.

(2) C'eft encore un moyen de faire refluer dans les campagnes, qui ne feront plus avilies, cette foule d'artifans du luxe dont la terre languiffante redemande les bras.

Une raison de ne pas trop étendre l'impôt *terri-torial*, c'est qu'au moyen *des grandes propriétés*, il retomberoit en dernier lieu sur le pauvre.

Les grands propriétaires hausseroient à proportion les fermages dans les baux qui sont déja à un taux excessif, ce qui porteroit le fermier à hausser à son tour le prix des grains, en baissant le prix des journées.

Il faudroit donc une loi qui ordonnât un cadastre général (1).

Une autre loi qui résilieroit tous les baux actuels & en fixeroit le prix au prorata de l'estimation des biens, d'après le cadastre.

Une autre qui aboliroit l'usage odieux des *contre-lettres*, & défendroit, sous des peines séveres, d'y avoir égard.

Les contre-lettres sont un crime contre la foi publique. Elles mettent le pauvre à la merci du riche. Par cette indigne manœuvre, des seigneurs ou des moines forcent la main aux fermiers, qui se prêtent à tout, sûrs de faire la loi aux *petits* pro-

---

(1) Des municipalités libres & bien organisées, où le peuple des campagnes soit représenté dans une juste proportion avec le peuple des villes, remédieront facilement à tous ces inconvéniens, sur-tout depuis que la force réelle du peuple, qui a secoué le joug de l'opinion, commence à faire rentrer en eux-mêmes les grands propriétaires fonciers.

priétaires. Un bail qui ne paroît être que de mille écus, eft dans le fait du double ou du triple, au moyen d'une contre-lettre. Toute contre-lettre eft nulle de droit.

Les contre-lettres écartées, le prix des baux fixé, vous pourrez alors fixer le prix des grains, des journées & des propriétés foncieres.

Exemptez de tout impôt la chaumiere du pauvre & la modique journée du manouvrier.

La collation gratuite de tous les honneurs, charges & emplois, au moyen de l'abolition de la vénalité, fera un grand coup porté aux grandes propriétés, fur-tout dans les charges de judicature.

Une juftice gratuite eft déjà un grand foulagement pour le peuple.

Supprimez donc toutes les juftices feigneuriales; ce font les fléaux des campagnes (1).

Les cens, champarts, lods & ventes, tous les *droits* féodaux, toutes les redevances feigneuriales.

Ce font les chaînes odieufes de leur efclavage.

Les capitaineries, le code des chaffes, le code des eaux & forêts, &c. &c. &c.

Les priviléges exclufifs.

____

(1) On voit que tout ceci étoit écrit il y a long-tems; mais encore une fois j'ai cru ne devoir rien fupprimer pour ne pas rompre la chaîne des idées.

Réformez le code civil, le code criminel.

Ce font les armes offenfives & défenfives de toutes les ariftocraties.

Multipliez les tribunaux fupérieurs, & rapprochez la juftice des jufticiables.

Vous diminuerez les frais des procès, & toujours à la décharge des petites propriétés.

Quelqu'un dira peut-être que toutes ces loix dégoûteront les grands propriétaires, qui vendront leurs propriétés.

Eh! c'eft où on en veut venir.

Mais quand vous verrez ces ventes fe multiplier, il fera bon de faire une loi qui fixe le prix des terres d'après l'eftimation cadaftrale.

Par-là, vous favoriferez les acquifitions des pauvres, qui autrement feroient toujours écartés par les fermiers.

Les gros fermiers font actuellement les ariftocrates des campagnes. Leurs gros revenus ont amené dans cette claffe tous les abus, tous les vices des grandes propriétés.

L'ignorance : les gros fermiers ne fe mêlent plus de la culture; ils la connoiffent à peine; ils confient ce foin à d'autres *mercénaires.*

La négligence : à peine favent-ils comment leurs biens font cultivés; ils font trop gros feigneurs pour avoir l'œil aux travaux des journaliers.

Le gafpillage de l'argent : ils entretiennent des payfannes , paffent le temps à voyager , jouent gros jeu , tiennent table ouverte , fe ruinent en grands repas ; la bonne-chere s'eft réfugiée vers leurs tables ; on ne mange plus actuellement que chez les gros fermiers : j'y ai vu des repas de cinq ou fix fervices, à vingt ou trente plats chacun.

La dureté , l'inhumanité : le cœur faigne de voir la maniere dont ils nourriffent la multitude des manouvriers qu'ils emploient , la modicité de la paye qu'ils leur donnent , les fatigues , les in-jures , les mauvais traitemens dont ils font accablés par les *premiers valets* des gros fermiers.

Ce font les gros fermiers qui achevent de ruiner les campagnes, en multipliant les gens fans pro-priété , les journaliers & les pauvres.

Enfin , ils ont tous les vices des grands , jufqu'à l'infolence (1).

Détruifez donc promptement la funefte arifto-cratie des gros fermiers.

« Mais vous attaquez les propriétés ? »

Non , je les défends ; car je ramene l'égalité, l'humanité, qui font les premieres de toutes , & imprefcriptibles.

____

(1) N'y en avoit-il pas déjà qui achetoient aufli des charges de fecrétaires du roi.

(252)

J'affure à tout pere de famille des moyens de fubfiftance. J'affranchis , je multiplie les petites propriétés.

Or, c'eft à multiplier les petites propriétés que doit tendre un bon gouvernement.

Un pays bien gouverné, dit l'auteur du Contrat focial, eft celui ou *pas un n'a trop , & où tous ont quelque chofe*.

Il ne faut donc point de loi particuliere contre *les grandes propriétés*, puifque tous les efforts d'un bon gouvernement, dans toutes les branches de la conftitution, de la légiflation, de l'adminiftration, ne doivent tendre qu'à les détruire.

Les grandes propriétés font une grande *conjuration* contre le bonheur & la liberté du monde & des empires.

On n'eft heureux que là où on eft libre, & on n'eft libre que là où on ne dépend de perfonne pour fa fubfiftance, là où elle eft affurée au travail.

On n'eft donc *heureux & libre que là où aucun n'a trop & où tous ont quelque chofe*.

Une propriété portée au-delà de la fubfiftance affurée de la famille la plus étendue, eft donc *un crime contre l'état, contre l'humanité, un attentat contre les autres propriétés, un vol fait à tous les citoyens*, & à chacun d'eux en particulier, puifque par-tout où *une famille a du superflu*, *une autre famille manque du néceffaire* (1).

Or, punir un crime n'eft pas violer la juftice, c'eft lui rendre hommage.

Forcer un *voleur* à reftituer, n'eft pas *le voler*.

Donc la deftruction des *grandes propriétés* n'attaque pas les propriétés ; elle les protege au contraire, & les rétablit par la loi de l'équilibre.

Je ne dis pas qu'il foit légitime à chacun d'empiéter fur les grandes propriétés.

Dans l'état focial, il n'eft permis à perfonne de fe faire juftice. Toutes les forces particulieres ont été réunies, d'un commun accord, en une *feule force générale.*

Vouloir fe faire juftice, ce feroit donc la bleffer.

Mais la force générale peut légitimement, quoiqu'elle puiffe feule réprimer par-tout les ufurpations de l'intérêt particulier.

Il appartient donc parmi nous, & il n'appartient qu'à *la force générale* de détruire peu-à-peu *les grandes propriétés* (2).

---

(1) Voyez ci-deffus ma déclaration des premiers droits de l'homme où je crois avoir démontré ces vérités.

(2) „ L'état eft femblable à un jardin où les petits « arbres ne peuvent venir, s'il y en a trop de grands » qui les ombragent ; mais il y a cette différence que

« Si quelque miniſtre oſe entreprendre un jour
» de rendre la nation heureuſe au-dedans & puiſ-
» ſante au-dehors, je peux lui prédire que ce ne
» ſera ni par des plans d'économie , ni par des
» alliances politiques , mais en *réformant ſes*
» *mœurs & ſon éducation.* Il ne viendra point à
» bout de cette révolution par des punitions & des
» récompenſes, mais *en imitant les procédés de la*
» *nature , qui n'agit que par des réactions.* Ce
» n'eſt point au mal apparent qu'il faut porter
» remede, mais à ſa cauſe.

» La cauſe du pouvoir moral de l'or eſt dans la
» vénalité des charges ; celle de la ſurabondance
» exceſſive des bourgeois oiſifs de nos villes, dans
» la taille , qui avilit les habitans de la campagne ;
» celle de *la mendicité des pauvres , dans les*
» *grandes propriétés des riches ;* du concubinage
» des filles, dans le célibat des hommes ; des pré-
» jugés des nobles, dans les reſſentimens des ro-

» la beauté d'un jardin peut réſulter d'un petit nombre
» de grands arbres , & que la proſpérité d'un état dé-
» pend toujours de la multitude & de l'égalité des ſujets,
» & non pas d'un petit nombre de riches «.
M. de Saint-Pierre, Etudes de la Nature , tome 4 , Paul
& Virginie, page 162.

» turiers ; & de tous les maux de la fociété, dans
» les tourmens des enfans (1) ».

M. de Saint-Pierre, Etudes de la nature, tome I,
page 564, &c.

---

(1) Changez donc les objets d'études, & confultez à
ce fujet M. de Saint-Pierre, Etudes de la Nature, tome
premier, troifieme & quatrieme, Paul & Virginie ; Rouffeau, Emile ; 'abbé de Mably, de la légiflation, Plutarque, Licurgue, &c. Xénophon, Cyropédie, & par-deffus
tout le cœur humain & la vertu.

Changez les emplacemens des écoles ; diminuez - les
dans les villes, & multipliez-les dans les campagnes :
qu'une bonne éducation dirige au bien public les vertus
fimples des payfans : faites refluer les hommes dans les
champs. Les champs font le féjour de la nature & de la
vertu.

Je renverrai encore le lecteur aux *Vœux d'un Solitaire* pour fervir de fuite aux Etudes de la Nature.

Jamais la nature, la vertu, la raifon & l'humanité
n'ont parlé un langage auffi touchant, ne fe font montrées
avec tant de fenfibilité & de graces. Il étoit réfervé à M.
de Saint-Pierre de répandre fur les matieres auparavant fi
graves de la politique, encore plus de charme & d'intérêt, s'il eft poffible, qu'il n'en a mis dans l'Hiftoire de
deux vertueux amans,

On peut y voir entr'autres objets les nouveaux développemens qu'il a donnés à fes principes fur l'éducation,
& ceux de fes principes politiques qu'il appuye toujours
fur les loix de la nature, & fur les leçons de l'expérience.

TROISIEME NOTE.

Du fatalisme.

« TOUT eſt aſſez mal ſur la terre ; mais peu
» de choſes peuvent être mieux ».

Les *foibleſſes & les vices de l'humanité* condui-
ſent ſans doute par degrés les individus & les peu-

Nul écrivain n'a, je crois, mieux connu l'art de faire
goûter aux hommes la vertu & la vérité.

Ce dernier ouvrage ſur-tout reſpire preſque d'un bout
à l'autre une bonté, une amabilité délicieuſes.

En le liſant, toute ame honnête & ſenſible appliquera
à l'auteur ce vers d'Alzire :

L'indulgente vertu parle par votre bouche.

Je ne citerai preſque rien de ce dernier écrit ; car ſi je
voulois en recueillir tout ce qu'il y a d'intéreſſant &
d'utile, il me faudroit tranſcrire tout l'ouvrage.

Je rapporterai ſeulement un morceau ſur *la néceſſité
& les moyens de diminuer en France les grandes propriétés*, parce qu'il complettera parfaitement le développement que j'ai eſſayé de donner à ces grandes vérités
qui ſont, ſelon moi, les baſes de la politique.

Cette citation, ainſi que pluſieurs autres que j'ai multipliées exprès dans ces notes, dédommagera le lecteur
de ma médiocrité.

ples *à la dépravation*, d'où naît le *malheur du
grand nombre & la tyrannie du petit.*

» Il me femble que pour que l'impôt territorial foit
» réparti également fur les perfonnes, il doit l'être iné-
» galement fur les fortunes ; c'eft-àdire, qu'il doit croî-
» tre à proportion de chaque propriété. Ainfi, (*la por-
» tion de terre néceffaire pour nourrir une famille étant.
» déterminée* (A)) cette portion payeroit davantage , à
» mefure qu'elle augmenteroit dans chaque propriété.
» Les Romains dans les premiers tems de leur républi-
» que , avoient borné à fept arpens la quantité de terre
» néceffaire à la fubfiftance d'une famille. Comme nous
» ne fommes pas fi fobres que les anciens Romains ,
» que notre climat plus froid que celui de l'Italie exige
» plus de befoins , que nos terres font moins fécondes ,
» que nous payons des dîmes & d'autres fortes d'im-
» pofitions qui leur étoient inconnues , & qu'ils partici-
» poient au contraire aux tributs qu'ils impofoient aux
» nations conquifes, pour le foulagement même du peu-
» ple romain , on peut fixer en France à vingt arpens
» la quantité de terre (*néceffaire aux befoins d'une
» famille*).
» Ceci pofé , l'arpent étant taxé par un impôt terri-
» torial , prélevé en nature , & non en argent, chaque
» propriété qui feroit au-delà de vingt arpens fuppor-

(A) On remarquera fûrement plufieurs fois que j'ai eu
le bonheur de me rencontrer dans mes idées avec l'auteur des Etudes.

R

Mais la bonté naturelle, les fentimens généreux agiffent toujours en fens contraire. Ils rappellent

---

» teroit une légere taxe appellée l'impôt de cenfure. Cet
» impôt de cenfure feroit payé par ceux qui pofféde-
» roient deux propriétés de vingt arpens ; ils double-
» roit pour ceux qui en auroient trois , quadrupleroit
» pour ceux qui en auroient quatre, &c. Ainfi , pen-
» dant que les propriétés particulieres iroient en pro-
» greffion arithmétique, 1 , 2 , 3 , 4 ; l'impôt de cen-
» fure croîtroit en progreffion géométrique, 1 , 2 , 4 ,
» 8 , de maniere qu'il feroit égal pour une poffeffion
» de mille arpens, à l'impôt territorial de ces mêmes
» mille arpens, il feroit double pour celle de deux mille ,
» quadruple pour celle de trois mille, octuple pour celle
» de quatre mille.

» Cet impôt de cenfure croîtroit avec l'étendue des
» propriétés , comme le tarif des diamans & des glaces ,
» dont le luxe eft d'ailleurs bien moins dangereux que
» celui des terres, qui entraîne infailliblement la ruine
» d'un état, ainfi que l'ont obfervé Plutarque & Pline
» à l'occafion de l'Afrique, de la Grece & de l'empire
» romain. On peut ajouter à ces exemples dans les mê-
» mes fiecles, la Sicile, une partie de l'Afie ; & dans
» ces tems modernes, la Pologne , l'Efpagne & l'Italie.
» Il eft donc à préfumer que cet impôt de cenfure met-
» troit en France un frein aux grandes propriétés ter-
» ritoriales , bien mieux que les loix prohibitives pro-
» mulguées en vain à Rome fous les empereurs qui
» fixerent à cinq cens arpens le terme de la propriété
» individuelle. Il eft toujours aifé d'enfreindre une loi

fans ceſſe les individus & les peuples au bonheur
& à la vertu. Ils conſervent ou renouvellent la

» prohibitive , lorſque la prohibition n'en ſuit pas la
» tranſgreſſion pas à pas.

» *La cupidité , ainſi que les autres paſſions , eſt com-*
» *me un chariot qui deſcend une montagne : ſi vous ne*
» *l'enrayez dès le départ, vous ne l'arrêterez pas dans*
» *le milieu de ſa courſe.*

» Cet impôt de cenſure me paroît à tous égards fondé
» en juſtice ; car, ſi vingt arpens appartenant à une fa-
» mille payent la moitié moins que vingt arpens des
» mille qui appartiendroient à un ſeul propriétaire ,
» d'un autre côté ces vingt premiers arpens rendent à
» proportion beaucoup plus en denrées & en hommes.
» Mille arpens, ſous un ſeul propriétaire, ont, chaque
» année, un tiers de leur étendue en jacheres, & ſont
» mis en valeur, tout au plus par dix familles domeſ-
» tiques, de cinq perſonnes chaque ; c'eſt-à-dire par
» cinquantes perſonnes, en y comprenant les femmes &
» les enfans ; tandis que ces mille arpens diviſés en
» cinquante propriétés de vingt arpens , ſeront cultivés
» par-tout, & feront vivre cinquante familles libres &
» induſtrieuſes ; c'eſt-à-dire , deux cens cinquante ci-
» toyens. Or, l'abondance des denrées & des hommes ,
» ſur-tout des hommes libres, eſt la premiere richeſſe
» des états.

» *Il réſulteroit de cet impôt de cenſure territoriale ,*
» *que les grandes propriétés payant plus & rendant*
» *moins , deviendroient plus rares , & que les petites*

félicité générale, éloignent ou détruisent l'o ppres-
sion des aristocrates.

Voilà les deux principes qu'il faut observer dans
l'organisation de l'homme & dans celle des sociétés,
dans l'histoire des individus , & dans celle des
peuples.

C'est la connoissance de cette grande vérité,
le sentiment *de cette tendance perpétuelle d'action
ou de réaction à la grande loi de la convenance
générale* qui doit animer les hommes publics, les
hommes de génie , les amis de l'humanité dans
toutes les classes , à une vertueuse indignation
contre les abus, à la recherche des remedes.

» *propriétés payant moins & rendant plus , deviendroient*
» *plus communes. Les premieres seroient moins recher-*
» *chées par les gens riches* , sur-tout quand on en auroi.
» retranché les droits de chasse & les autres , en tant
» qu'ils sont onéreux à l'agriculture ; & les secondes le
» seroient beaucoup par les bourgeois d'une fortune
» médiocre , quand elles ne seroient plus opprimées &
» flétries par les corvées , les milices & les tailles :
» (*ainsi l'impôt de censure deviendroit une digue contre
» l'opulence & l'indigence extrême, qui font les deux
» sources de tous les vices nationaux.*) On pourroit
» l'étendre à toutes les grandes propriétés en emplois,
» en maisons & en argent , &c. &c.

Il faut qu'ils emploient toute leur fensibilité, toute la chaleur de leur ame *contre les chofes*, pour en amener *l'amélioration* par *d'heureufes réactions*, par des moyens *lents & fucceffifs*, mais dont les effets font toujours sûrs quand ils vont au but.

« Tout eft affez mal fur la terre ; mais tout a » toujours été ainfi, & peu de chofes peuvent » être mieux ».

Non, Être éternellement bon, jufte & puiffant, vous ne nous avez pas jettés fur cette terre pour être les perpétuels jouets de nos paffions & de celles d'autrui.

Vous nous avez fans doute expofés à de *grands maux* ; ils étoient inévitables dans le fyftême de l'univers. Vous nous avez deftinés à de cruelles & fréquentes fouffrances. Elles entroient dans votre plan ; mais vous ne nous avez pas tous condamnés ni pour toujours fur cette terre à une fervile & lâche patience. Vous avez mis le bien à côté du mal ; vous n'avez jamais permis que la grande loi de la convenance générale des êtres (1), & fur-tout

____

(1) M. de Saint-Pierre eft le premier qui, par un heureux enchaînement d'obfervations, de réfultats & d'images qui font de fes ouvrages le plus fidele tableau de la nature, & qui en montrent l'ordre avec le plus

de l'homme, qui eſt ici-bas le premier & le plus chéri de vos ouvrages, fût par-tout & long-temps bleſſée; « *& quand la politique humaine attachoit* » *ſes chaînes au col de l'eſclave ou du pauvre,* » *votre juſtice en rivoit l'autre bout au col des* » *riches & des tyrans* (1) ».

---

de clarté, ait développé & prouvé cette *grande & pre- miere loi de la convenance générale*, affermie par *la loi des réactions*.

Quelle ſublime découverte, quelle importante démonſ- tration que celle des *deux loix fondamentales de la na- ture & de la ſociété*, dont la connoiſſance & l'application éclairée peuvent ſeules faire le bonheur des hommes.

Il eſt encore le premier qui ait démontré cette autre loi de la nature, que l'harmonie qui gouverne le monde eſt entre deux contraires, d'où il réſulte ſelon lui que, » tout gouvernement eſt floriſſant & durable, lorſqu'il » eſt formé de deux puiſſances qui ſe balancent, qu'il » a un chef qui en eſt le modérateur, & qu'il a pour » centre le bonheur du peuple «.

(1) Voyez M. de Saint-Pierre, Etudes de la Nature, tome

C'eſt encore lui qui le premier a dévoilé le vice eſſen- tiel de l'éducation & des inſtitutions humaines, *l'ému- lation, le deſir de ſe diſtinguer*, qui étouffent la bonté & la vertu par la vanité & l'amour de la gloire.

Liſez ſes *Etudes*, & vous verrez qu'aucun écrivain n'a fait réellement autant de découvertes, n'a auſſi bien connu les loix de la nature & de la vertu.

« Tout eſt aſſez mal ſur la terre, &c. &c. »
S'il a exiſté, s'il exiſte encore des capitales &

Dans aucun écrivain vous ne trouverez un plus grand nombre d'idées neuves, profondes & heureuſes, exprimées avec plus de graces, rendues dans un ſtyle qui ait plus de naturel, de variété & d'intérêt.

C'eſt que la nature a toujours été le ſeul guide, la vertu le ſeul mobile de ſon génie.

C'eſt qu'il a tout rapporté à cette *grande & premiere loi de la convenance générale.*

C'eſt qu'au contraire de preſque tous les écrivains, il part d'où il eſt, & ne s'élance pas tout d'un coup dans les eſpaces imaginaires.

C'eſt qu'au lieu de faire comme la plupart des philoſophes, qui commencent par inventer des principes pour y tordre les obſervations, il a obſervé d'abord attentivement, a multiplié ſes obſervations ſur tous les objets, autant qu'il lui a été poſſible, les a enſuite comparées & triées, en a formé un faiſceau de démonſtrations naturelles qui portent avec elles le caractere irrécuſable de l'évidence, & d'où il part pour arriver aux principes.

Une ſeule de ſes obſervations, un ſeul de ſes réſultats, donnent quelquefois p'us de lumiere, ſuppoſent plus de méditation, de patience, de vraie ſenſibilité & de génie que tel ouvrage qui a joui & jouit encore d'une grande réputation.

Quel écrivain a donc mieux mérité de la nature & des hommes ?

Ah ! les palmes immortelles du génie & de la gloire, ainſi que les plus doux tributs de l'amour & de la recon-

des empires où le grand nombre dépravé végete
dans la mifere & l'abaiſſement, il y a toujours eu
& il ſe trouve des pays où la population eſt plus

---

noiſſance, ſont dues de préférence au peintre fidele, au
modeſte & ſenſible interprete de la nature, à l'organe
pur de la vertu.

Il eſt à mes yeux, comme il le ſera un jour, comme je voudrois déjà qu'il le fût aux yeux de l'humanité
entiere, le premier de tous les écrivains, parce qu'il eſt
de tous ies écrivains l'obſervateur le plus exact, le philoſophe doué de la ſenſibilité la plus délicate & la plus
profonde, le ſavant dont les connoiſſances ſont les plus
variées (A), les mieux digérées, les plus ſûres ; l'orateur
le plus perſuaſif & le plus touchant, le poëte dont le goût
eſt le plus pur, dont le ſtyle eſt le plus varié & le plus
naturel (B), les images les plus frappantes par la reſſem-
blance & les mieux choiſies, le peintre dont les idées
ſont les plus heureuſes, les deſſeins les plus corrects &
les plus finis, l'enſemble le plus parfait, l'expreſſion la

(A) Phyſique, mathématiques, botanique, toutes les
parties de l'hiſtoire naturelle, géographie, &c. &c. pas
une ſcience utile qu'il n'ait approfondie, & dont ſon livie
n'offre quelque découverte ingénieuſe, ou quelqu'heureuſe application.

(B) Voyez tous les morceaux deſcriptifs de Paul &
Virginie, du Voyage à l'Iſle de France, des Etudes, &c.

également diftribuée, où les campagnes ne font point frappées de ftérilité par les grandes propriétés, où le concert de l'autorité du prince & de la liberté modérée des fujets opere le bonheur de tous, en arrêtant par-tout l'ariftocratie.

Vous ne voulez voir que Rome à certaines époques, que Londres & Paris, l'Angleterre & la France.

Mais voyez Rome dans fes commencemens. Voyez Sparte, en détournant toutefois votre vue des Ilotes.

Voyez la Hollande avant la derniere révolution, la France fous Henri IV & une partie du regne de Louis XII & de Louis XIV, la Pruffe fous Frédéric-le-grand, la Tofcane fous l'heureux gouvernement de Léopold.

---

plus vraie & la plus raviffante (C) ; enfin, parce qu'avec Feneion, il eft de tous les écrivains le plus aimable, le plus fage, le plus vertueux & le plus utile.

(C) Voyez le tableau des adieux de Brutus & de Porcie, troifieme volume; celui du déluge d'après le Pouffin, & tout fon ouvrage qui n'eft gueres qu'un grand & magnifique tableau tracé d'après le grand modele.

Tournez vos regards fur la Perfe avant & du temps de Chardin (1).

Etudiez l'admirable conftitution ; admirez le bonheur prefque conftant de ce peuple auffi étonnant qu'innombrable, « que l'on peut regarder, » dit M. Cerutti, comme l'héritier de la fageffe » de tous les peuples primitifs, ou plutôt comme » le feul peuple primitif exiftant encore, » de ce peuple que fes loix, fes mœurs, fon adminiftration rendent fi fupérieur à tous les autres peuples anciens & modernes, de cette multitude d'hommes qui couvrent le fol immenfe de la Chine. Ne vous bornez pas à obferver la moitié du tableau,

____

(1) Lifez fon Voyage en Perfe , livre bien fupérieur à quelques-uns de nos livres de morale & de politique les plus vantés, fur-tout dans les parties où il traite des mœurs, du gouvernement & de la re'igion des Perfans.

On y trouve le fyftème des climats & bien d'autres prétendues découvertes.

» Le jouaillier Chardin, dit Rouffeau, a voyagé com- » me les Platon , les Thalés & les Pythagore.

Il pouvoit , à ce qu'il me femble, ajouter encore qu'il a fouvent écrit & penfé comme eux.

Rouffeau a dit encore, je crois, quelque part, qu'on connoît mieux la Perfe, après avoir lu Chardin , que la France après la lecture de nos volumineufes defcriptions & de toutes nos hiftoires.

une ombre fatale en noirciroit la teinte , en terniroit les couleurs. Ne défolez plus les hommes par d'affreufes doctrines.

O être infiniment bon , jufte & puiffant! fi votre providence éternelle a jetté fur la terre , fans doute pour nous punir de nos crimes , les Céfar , les Cromwel, les Aureng-Zeb, les Catilina , les Duprat, les Maupeou, les Terray, les nobles & les ariftocrates , je vous bénis ; car vous nous avez auffi donné les Fabricius, les Catons, les Brutus, les Platon, les Jéfus, les Fénélon, les Howard, les Saint-Pierre (1), les quakers, les bons rois, les défenfeurs du peuple & les amis de l'humanité,

De la liberté & de l'autorité.

Je ne puis mieux terminer cette note que par un petit morceau tiré de l'ouvrage de M. Servan, que j'ai déja cité, fur la réformation des états provinciaux, qui montre parfaitement en quoi confifte la liberté (1).

____

(1) Caftel Jrenée , abbé de Saint-Pierre , auteur des Rêves d'un bon Citoyen qui commencent à fe réalifer , & Jacques-Bernardin Henry de Saint-Pierre , auteur des Etudes.

(I) „ Il n'y a de vraie liberté que la liberté morale , „ ou *l'amour des loix de la nature & de la fociété* , „ *que le cœur feul de l'homme jufte fait obferver.*

„ C'eft en vain qu'on afpire à la liberté fons la fauve-

« Hommes puiffans, hommes *riches*, hommes
» qui vous croyez fi différens de vos femblables,
» que de peines, que de conftance, que de cou-
» rage il faut pour vous foumettre au joug com-
» mun de la juftice ! S'agit-il de l'impofer à vos
» femblables ? votre main eft ferme, votre cœur
» eft jufte, vos paroles font fages ; mais s'agit-il
» d'être juftes vous-mêmes ? tout change, penfées,
» difcours, actions ; & ces hommes, tout-à-l'heure
» fi équitables quand il falloit exiger la juftice
» pour eux-mêmes, ne font plus que des *tyrans*
» quand il s'agit de la rendre aux autres. Les loix
» ne font pour eux qu'un prétexte, jamais une
» regle ; & de la juftice même, ils fe font un dé-

» garde des loix. Des loix ! où eft-ce qu'il y en a, &
» où eft-ce qu'elles font refpectées. Par-tout tu n'as vu
» régner fous ce nom, que l'intérêt particulier, & les
» paffions des hommes. Mais les loix éternelles de la
» nature & de l'ordre exiftent ; elles tiennent lieu de loi
» pofitive au fage ; elles font écrites au fond de fon
» cœur, par la confcience & par la raifon. C'est à
» celles-là qu'il doit s'affervir pour être libre, & il n'y
» a d'efclave que celui qui fait mal ; car il le fait toujours
» malgré lui. *La liberté n'eft dans aucune forme de*
» *gouvernement. Elle eft dans le cœur de l'homme libre,*
» *il la porte par-tout avec lui.* L'homme vil porte par-
» tout la fervitude. « Emile, tome 4, p. 310 & fuiv.

» gré pour atteindre à ce qu'ils veulent ufurper ».

C'eft pour étouffer ce germe de defpotifme, fi difficile à extirper du cœur de l'homme, qu'à l'appui de l'éducation, de la religion, des mœurs, & des loix, toutes les fociétés ont établi dans leur fein *une puiffance publique*, *une autorité toute-puiffante & fans ceffe active*, dépofitaire de la force générale, dont les foins vigilans puffent à chaque inftant, & fans obftacle, veiller au maintien du bonheur commun & de l'égalité, en prévenant, réprimant & puniffant par-tout l'injuftice.

Toutes les fociétés ont befoin d'un modérateur fuprême, qui tienne toujours les defirs, les paffions & les befoins en équilibre (1).

Gardez-vous donc, ô vous qui êtes chargés du bonheur & de la liberté de votre patrie, gardez-vous de prendre le change ! Veillez toujours contre vos vrais, contre vos plus indeftructibles tyrans, contre les *corps d'oppreffeurs* que les vices de votre fiecle & ceux qui feront toujours inféparables de l'humanité, vomiront fans ceffe contre vous, du fein de la fociété. N'énervez point l'autorité du monarque.

---

(1) Voyez l'ouvrage de M. d'Argenfon, & fur-tout celui de M. de Saint-Pierre, intitulé *les Vœux d'un Solitaire*.

Bornez-vous à enchaîner le despotisme du ministere & de tous ses lâches agens.

Que le monarque ne puisse jamais rencontrer d'obstacle pour faire le bien, & qu'il ne soit possible qu'à lui seul de faire quelquefois impunément le mal.

Songez enfin que, sur le bord de la tombe, Rousseau, ce républicain indomptable, l'auteur du *Contrat social*, voyant nos vices & le mal qu'on avoit fait de tout temps aux hommes, au nom de la liberté, ne trouvoit de remede au despotisme de tous que dans celui d'un seul, dans le » *hobbisme le plus parfait* (1) ».

QUATRIEME NOTE.

De l'ouvrage de M. d'Argenson (2) *sur le gouvernement ancien & présent de la France, composé il y a près de 40 ans.*

Je voudrois que nos représentans eussent sans cesse sous les yeux les idées profondes, le plan

---

(1) Expressions d'une de ses lettres.

(2) Voyez sur la vie & l'ouvrage de d'Argenson l'excellente notice & les réflexions de l'auteur de l'*Echo de l'Elysée*, ou, &c.

Voyez aussi les Annales politiques de M. Mallet, au n°.. 5.

admirable de cet excellent patriote, dont le génie & l'humanité égaloient la fageffe (1).

C'eft le plan tout dreffé de la feule conftitution qui convienne peut-être à tous les peuples, de la feule au moins qui nous convienne. C'eft le plan d'une *démocratie royale* ; c'eft celui du bonheur de ma patrie.

C'eft, comme l'a dit M. Mallet du Pan (2), la minute d'un contrat entre le roi & le peuple.

1°. Il éparpille l'adminiftration entre les mains du peuple, & ne laiffe au monarque que le gouvernement.

2°. Il multiplie & fubdivife les affemblées pro-

---

(1) „ Il faut des ames fermes & des cœurs tendres pour „ perſévérer dans une pitié dont l'objet eft abfent «.

M. d'Argenſon, Conſidérations fur le Gouvernement, &c.

On ne ſauroit trop révérer ni méditer ce génie profond, qui, aidé d'un cœur ſenſible & d'une ame ferme, a ſi bien connu les moyens de ramener au bonheur les malheureux objets de ſa perſévérante pitié.

(2) *A M. Mallet du Pan, rédacteur de la partie politique du Mercure de France.*

Au milieu des fureurs de la fcélérateffe
    Faire entendre la vérité,
    Défendre la fainte équité,
Et contre les méchans appuyer la fageffe,
    C'eft connoître la liberté,
    C'eft en faire un bien noble ufage ;
MALLET, des gens de bien tu mérites l'hommage
    Par ton courage & ton humanité.

vinciales, ou plutôt les municipalités urbaines &
ruſtiques (car , pour plus d'une raiſon , il ne
veut qu'une ſeule claſſe d'aſſemblées ſubalternes
dans le royaume); de maniere qu'elles ont , chacune
à part , aſſez de conſiſtance & de pouvoir pour veiller
à leurs intérêts locaux , & les défendre ; mais pas
aſſez pour ſe ſéparer de l'intérêt général , & former
des ariſtocraties.

1°. Ainſi , en écartant les *veto* des intérêts particuliers, il conſerve à la *puiſſance publique* ſon
unité , ſon activité tutélaires.

2°. Ainſi , il garantit à-la-fois le peuple des excès
de la licence & des maux de la ſervitude.

Voilà le plus heureux gouvernement.

On demande une conſtitution qui ne faſſe de
la France qu'un grand corps , dont toutes les parties
ſoient bien liées.

Vous la trouverez dans l'ouvrage de d'Argenſon.

C'eſt lui qui vous offrira des principes ſûrs , &
l'accord ſi rare de l'application avec les principes (1).

Mais laiſſons-le parler lui-même.

« Plus on conſidere le monarque , relativement
» à ſes ſujets , plus il a l'air d'être *l'homme du*

---

(1) C'eſt avec ce livre à la main que la poſtérité pro-
noncera contre les rêveurs , les fous & les hypocrites ,
qui corrompent aujoud'hui l'opinion du peuple en le flat-
tant , pour les ſages qui veulent arrêter ſon efferverſcence
de peur qu'elle ne le perde.

» *peuple*

» *peuple*, & non le *peuple* d'être *la chofe du roi.*
» C'eft ainfi que la tyrannie difparoît, & que la
» paternité commence.

» Tout s'applanit, dès que les hommes conferent
» librement fur leurs intérêts.

» Il faut admettre le public dans le gouverne-
» ment du public.

» Les politiques ont épuifé leurs réflexions à
» donner ou à retrancher du pouvoir de celui qui
» gouverne en faveur de ceux qui font gouvernés.
» Tous ces remedes ne font que des maux ; ils
» partagent la puiffance publique , tandis qu'elle
» doit être une & décidée.

» Dieu arrête l'ufage de notre liberté, quand
» nous en méfufons, fur-tout à l'égard des autres,
» & nous examine avec une juftice infatigable ».

» Voilà l'exemple tracé pour la conduite des
» fouverains , & de cette puiffance publique en ce
» monde.

« Que l'autorité gouverne , conccure ; mais
» qu'elle laiffe agir librement les caufes fecondes.

» C'eft en ce jufte mélange d'attention de l'au-
» torité , d'abandon de la liberté, que confifte
» tout l'art d'un bon gouvernement.

» Nous augmenterions nos forces en les con-
» centrant davantage. Quelque attention fur les
»affaires de la campagne, fur le *commerce inté-*

» *rieur*, *préférable infiniment à celui du dehors* ;
» fur *la mefure de liberté & de gêne qu'il faut*
» *laiffer aux travaux des citoyens* ; fur l'ÉGALITÉ
» DES BIENS ; fur les habitations & la peuplade ;
» fur les refforts de *l'intérêt qui fait agir*, *ou qui*
» *fait négliger*, voilà des objets pour les gouver-
» nemens politiques, qui produiroient la véritable
» gloire, même au-dehors, & non une gloire
» vaine & ftérile, qu'on a coutume de rechercher.

» On n'a peut-être jamais penfé à cette *mefure*
» *de liberté* dont je viens de parler. *C'eft celle que*
» *les loix doivent laiffer à ceux qui leur font fou-*
» *mis pour qu'ils confervent tout l'effor naturel*
» *qui conduit aux grandes chofes, mais qui re-*
» *prime là où il faut la licence, qui trouble l'ordre*
» *général.*

» SOUVENT TOUT EST GÊNE, OU TOUT
» EST DÉSORDRE (1).

» Cette obfervation ne tombe pas fimplement

---

(1) *Tout étoit gêne* il n'y a qu'un moment ; Dieu
veuille que bientôt *tout ne foit pas défordre*.

Pour m'appuyer toujours fur le piedeftal de ces heureux génies, qui, dit le bon LA FONTAINE, ont reçu
du grand Jupiter le don d'agréer infus avec la vie ;
je citerai encore ici une des charmantes fables de cet
auteur aimable & profond fi redevable à la nature, qui,
en lui donnant à un fi haut dégré la raifon, la fenfibilité
& les graces, en fit à la fois le plus fimple & le plus

». fur le fimple particulier fujet à la loi. *Ellé*
» *s'applique encore plus à ceux qui la font*
» *obferver , & à la loi même.*

» Le travail que chacun fait de fon côté eft
» toujours moins pénible , & moins confidérable.
» Mais il eft mieux fait.

» Les travaux généraux ne s'exécutent que
» par des refforts énormes, trop compofés pour
» être parfaits & fujets au relâchement.

» Les *conféquences de ce principe s'étendent*
» *bien loin en politique ; on n'y réfléchit pas*
» *affez fur les forces de l'homme , fur fes pen-*

---

original des Ecrivains. C'eft fa fable intitulée , *rien de*
trop , dont le lecteur pourra faire l'application.

Rien de trop.

Je ne vois point de créature
Se comporter modérément.
Il eft certain tempéramment
Que le maître de la nature ,
Veut que l'on garde en tout. Le fait-on ? Nullement,
Soit en bien , foit en mal : cela n'arrive gueres.
Le bled , riche préfent de la blonde Cérès ,
trop touffu bien fouvent épuife les guérets :
En fuperfluités s'épandant d'ordinaire ,
Et pouffant tout abondamment ,
Il ôte à fon fruit l'aliment.
L'arbre n'en fait pas moins : tant le luxe fait plaire,
Pour corriger le bled , Dieu permit aux moutons

« chans, & SUR LA NÉCESSITÉ D'ÉCOUTER
» LA NATURE.

» *Le séjour des villes est monstrueux pour*
» *l'humanité.* Des campagnes désertes, un ciel
» de bois, un marché pour jardin, & un jour
» artificiel c *les habitans y perdent de vue tout*
» *esprit de la loi naturelle.*

La ville est le séjour des profanes humains.
Les Dieux habitent la campagne.

« CE N'EST EN EFFET QUE DANS LE SÉ-
» JOUR HEUREUX ET TRANQUILLE DES CAM-
» PAGNES, QUE L'ON PEUT JUGER DE L'AC-

De retrancher l'excès des prodigues moissons.
    Tout au travers ils se jetterent,
    Gâterent tout, & tout brouterent.
    Tant que le Ciel permit aux loups
D'en croquer quelques-uns, il les croquerent tous.
S'ils ne le firent pas, du moins ils y tâcherent.
    Puis le ciel permit aux humains
De punir ces derniers : les humains abuserent
    A leur tour des ordres divins.
De tous les animaux l'homme a le plus de pente
    A se porter dedans l'excès ;
    Il faudroit faire le procès
Au petits comme aux grands. Il n'est ame vivante
Qui ne peche en ceci. Rien de trop est un point
Dont on parle sans cesse, & qu'on n'observe point.

„ CORD DES LOIX DE NATURE AVEC LES
„ LOIX POLITIQUES.

Du vrai courage.

L'harmonie qui gouverne le monde eft entre deux
contraires.

In medio ftat virtus , librata contrarius.

„ L'efprit de MODÉRATION que les enthoufiaftes ,
„ les fanatiques & tous les ambitieux regardent comme
„ une foibleffe , EST LE VÉRITABLE COURAGE ; car
„ il réfifte feul aux partis oppofés. C'eft la ROYAUTÉ
„ de l'ame , qui, comme celle de la nature , tient la
„ balance entre les extrêmes , & maintient l'harmonie
„ des êtres. La vertu tient le milieu. *Stat in medio*
„ *virtus.*

Il eft certain tempérament
Que le maître de la nature
Veut que l'on garde en tout.

„ Il y a , non du courage , mais beaucoup de foi-
„ bleffe à fe laiffer entraîner aux paffions d'un homme ,
„ de fon corps , ou même de fa patrie. *C'eft parce que*
„ *d'un côté on n'ofe y réfifter , & que de l'autre on*
„ *eft environné de forces qui nous appuyent , qu'on fe*
„ *croit fort. Si on étoit dans le parti oppofé , on feroit*
„ *de l'avis contraire par la même foibleffe.*
„ LAMOUR DE L'ÉGALITÉ tient le milieu entre les
„ deux extrêmes , *l'amour de l'ambition & celui de la*

» Parmi les membres de l'aristocra-

___

» *servitude*, comme la vertu dont il ne differe
» pas. Il est la justice universelle.

» Il est entre deux contraires comme
» l'harmonie qui gouverne le monde.

» C'est lui que Confucius appelloit le juste milieu,
» qu'il regardoit comme la cause de tout bien, & qu'il
» appelloit encore par excellence la vertu du cœur. Il
» en faisoit consister le principe dans la piété ; c'est-à-
» dire, dans l'amour de tous les hommes en général. Il
» recommande souvent dans ses écrits de ne pas faire
» souffrir aux autres ce qu'on ne voudroit pas souffrir
» soi-même. C'est sur cette base naturelle qu'a été élevé
» l'édifice inébranlable des loix de la Chine, le plus an-
» cien empire de l'Univers «.

Vœux d'un Solitaires par Jacques-Bernardin Henri de
Saint-Pierre.

Voyez sur le sentiment & l'amour de l'égalité un
excellent morceau du livre intitulé de *l'autorité de Montesquieu dans la révolution présente*, page 102.

Je ne puis résister au plaisir d'en insérer ici le com-
mencement qui tient d'ailleurs immédiatement à l'objet
de cette note.

» Il est un sentiment d'où sortent, ainsi que d'une
» source vive & intarrissable, les vertus & les lumieres.
» C'est le sentiment de l'égalité naturelle & primitive
» des hommes. Celui qui le nourrit dans son ame, voit
» à tous les momens de sa vie la place que la nature
» lui a donnée sur la terre, à côté de celle où le sort
» le met, & le conduit dans la société. Sans peine &

» TIÉ, IL FAUT COMPTER TOUS GENS RI-
» CHES. »

Quelle férie d'idées lumineuses & profondes !
quelle connoissance *des loix de nature & des*

---

* comme involontairement , il fait les garder toutes deux :
» *l'orgueil ni la honte n'approcherent jamais de fon*
» *cœur , où font écrits fes titres d'honneur , comme*
» *ceux de fes pareils.* Perfonne ne le bleffe , & il n'offenfe
» perfonne ; le fentiment qui l'éleve l'adoucit en même-
» tems , comme il ne fe voit point d'inférieurs , il
» ne connoît pas de fupérieurs. Il plaint le foible &
» pardonne au puiffant ; mais l'homme injufte & l'hom-
» me vil l'indigneront ; car , comme il a gardé fa place ,
» il verra avec douleur que ces gens fe foient déplacés.
» Il court au-devant des malheureux ; car il l'a été , ou
» il va l'être , & c'eft lui pour qui rien d'humain n'eft
» étranger. Il y a mieux : il ne fera point d'ingrats. Le
» fentiment de l'égalité donne aux bienfaits cette grace
» généreufe qui fait aimer le bienfaiteur. Au refte, com-
» *me il a une mefure certaine pour apprécier les hom-*
» *mes & les chofes, un tel mortel réunit tous les cou-*
» *rages.* Enfin , vous le reconnoîtrez même à fes dehors ;
» vous aborde-t-il , fi vous êtes d'un rang moins élevé
» que le fien , fon maintien vous infpire de la confiance ,
» Plus élevé , ce font des égards qu'il commande ; car
» le maintien eft le même ; rien n'altere la franche féré-
» nité de fes regards , qui ne font ni humbles ni fiers.
» Le fentiment de l'égalité donne aux manieres une con-
» venance univerfelle ».

loix politiques (1)! ô *d'Argenſon*, tu étois fait pour être notre légiſlateur. Tu es à mes yeux le premier des légiſlateurs ancïens & modernes. Ne verrai-je jamais ta ſtatue ?

CINQUIEME NOTE.

Des légiſlations Amériquaines.

J'ajouterai à ce qu'en a dit M. Mounier, & à ce que j'en ai dit, quelques phraſes, tirées des *vues générales* de M. Cerutti ſur la conſtitution Françoiſe. Il a rendu heureuſement en quelques lignes, ce que j'ai développé en vingt pages.

« On peut rapporter la ſageſſe des Amériquains » à leur génie plus flegmatique, & plus judicieux » que le nôtre, & a leur condition meilleure que » celle du peuple François. Premierement, ils

____

(1) Et quand on ſonge à l'époque où il écrivoit ; quand on ſonge que c'eſt au moment où l'ariſtocratie dominoit juſques ſur les eſprits, qu'il lui a porté le premier les plus terribles coups. Son ouvrage eſt le levain bienfaiſant jetté dans l'opinion publique qui a fait fermenter la penſée. Au bout de quarante ans l'éruption s'eſt faite.

Qu'on liſe cet ouvrage, & ſur-tout le *chapitre ſur la Nobleſſe héréditaire*, & on verra que nos meilleurs brochures, *l'Eſſai ſur les Privileges*, *qu'eſt-ce que le Tiers-Etat*, &c. &c. n'en ſont que le commentaire.

(281)

» devoient être moins vindicatifs, parce qu'ils
» étoient moins outragés ; & les fers qu'ils bri-
» foient n'avoient pas pefé fur eux pendant plu-
» fieurs fiecles.

» Secondement, ils avoient à s'affranchir, ils
» n'avoient point à fe réformer. La LIBERTÉ
» RALLIE les peuples ; c'eft la RÉFORME QUI
» LES DIVISE.

» Ainfi, la principale caufe de leur modéra-
» tion, ce fut l'union de leurs intérêts & la
» clarté de leurs principes. Il n'exiftoit chez eux
» qu'une claffe de citoyens ; l'efprit public ne
» s'égara point en fuivant de Pfeudo - patriotes
» & ne fut point troublé par DE FALLACIEU-
» SES CONTROVERSES.»

J'extrairai auffi de leurs conftitutions fages, que
quelques perfonnes ont fi mal appréciées quelques
morceaux où refpirent la philifophie, l'humanité &
la vertu, que les gens de bien ne feront peut-être pas
fâchés d'avoir ici fous les yeux. Ce fera un point
de comparaifon avec les productions de notre affemblée nationale.

Voici d'abord l'article de Penn, fur la liberté
des opinions religieufe que l'on pourra rapprocher de notre article 10.

ARTICLE II *de la Déclaration des droits des habitans de l'Etat de Penſylvanie.*

„ Tous les hommes ont le droit naturel &
„ inaliénable, d'adorer le Dieu tout-puiſſant,
„ de la maniere qui leur eſt dictée par leur conſ-
„ cience & leurs lumieres ; aucun homme ne
„ doit ni ne peut être légitimément contraint à
„ embraſſer une forme particuliere de culte re-
„ ligieux, *à établir ou entretenir un lieu parti-*
„ *culier de culte, ni à ſoudoyer des miniſtres*
„ *de religion contre ſon gré,* ou ſans ſon propre
„ & libre conſentement : *aucun homme qui re-*
„ *connoit l'exiſtence d'un Dieu, ne peut être*
„ *juſtement privé d'aucun droit civil comme*
„ *citoyen, ni attaqué en aucune maniere, à rai-*
„ *ſon de ſes ſentimens, en matiere de religion,*
„ *ou de la forme particuliere de ſon culte: au-*
„ *cune puiſſance dans l'état ne peut ni ne doit*
„ *être revêtue, ni s'arroger l'exercice d'une au-*
„ *torité qui puiſſe, dans aucun cas, lui permettre*
„ *de troubler ou de géner le droit de la con-*
„ *ſcience dans le libre exercice du culte reli-*
„ *gieux.* „

Sur la juſtice dûe aux Citoyens.

ARTICLE XI de la déclaration de Maſſa-
chuſette.

« Tout ſujet de la république doit trouver
» un remede certain dans le recours aux loix,
» pour tous les torts ou injures qu'il peut éprou-
» ver dans ſa perſonne, dans ſa propriété, dans
» ſa réputation ; il doit obtenir droit & juſtice
» gratuitement, & ſans être obligé de les ache-
» ter, complettement, & ſans qu'on puiſſe les
« lui refuſer promptement, & ſans délai, & con-
» formément aux loix. »

Voyez dans toutes leurs conſtitutions la clarté
& l'humanité de leurs principes ſur les loix criminelles.

De la ſéparation des Pouvoirs.

ARTICLE XXX, *id. ibid.*
« Dans le gouvernement de cette république,
» le département légiſlatif n'excercera jamais le
» pouvoir exécutif ou judiciaire, ni aucun des
» deux : le département exécutif n'exercera jamais
» le pouvoir légiſlatif ou judiciaire, ni aucun
» des deux, & le département judiciaire n'exer-
» cera jamais le pouvoir légiſlatif ou exécutif,

» ni aucun des deux, AFIN QUE CE SOIT LE
» GOUVERNEMENT DES LOIX, ET NON PAS
» LE GOUVERNEMENT DES HOMMES. »

Moyen de réprimer l'avarice.

ARTICLE XXXVI de la constitution de Pensylvanie.

« Comme pour conserver son indépendance,
» tout homme libre, (s'il n'a pas un bien suf
» fisant) doit avoir quelque profession ou quel
» que métier, faire quelque commerce ou tenir
» quelque ferme qui puissent le faire subsister
» honnêtement; il ne peut y avoir ni nécessité,
» ni utilité d'établir des emplois lucratifs, dont
» les effets ordinaires sont dans ceux qui les
» possedent, ou qui y aspirent une dépendance
» & une servitude indignes d'hommes libres, &
» dans le peuple, des querelles, des factions; la
» corruption & le désordre; *mais si un homme*
» *est appellé au service du public, au préjudice*
» *de ses propres affaires, il a droit à un dédom*
» *magement raisonnable.* Toutes les fois que par
» l'augmentation de ses émolumens, ou par
» quelqu'autre cause, un emploi deviendra assez
» lucratif pour émouvoir le desir ou attirer la
» demande de plusieurs personnes, le corps lé
» gislatif aura soin d'en diminuer les profits. »

Principes fur les Impôts qui ne fe trouvent pas dans notre déclaration.

ARTICLE XLI, *id. ibid.*

« I. Avant qu'il foit fait de loi pour ordon-
» ner quelque levée, il faut qu'il apparoiffe
» clairement au corps légiflatif, que l'objet pour
» lequel on impofera la taxe, *fera plus utile à*
» *l'état, que ne le feroit l'argent de la taxe à*
» *chaque particulier, fi elle n'étoit pas levée.*
» Cette régle bien obfervée, jamais les taxes ne
» deviendront un fardeau. »

ARTICLE XIII de la déclaration du Maryland.

» 2. La levée de taxes par nombre de têtes
» eft injufte & oppreffives, elle doit être abolie.

» *Les pauvres ne doivent point être impofés*
» *pour le maintien du gouvernement.*

» Mais toutes autres perfonnes dans l'état doi-
» vent contribuer aux taxes publiques *pour le*
» *maintien du gouvernement*, chacune propor-
» tionellement à fa richeffe actuelle en proprié-
» tés reélles ou perfonnelles dans l'état. »

Tous les Etat-Unis ont crus devoir prendre
les plus grandes précautions pour empêcher la
corruption & la féduction.

En conféquence il a été décreté par les diverfes
légiflatures, que tout chancelier, juge, &c. &c.

prêteroient ferment de ne recevoir directement
ni indirèctement aucuns droits ni récompenfe pour
leur emploi, que ce qui lui feroit alloué par la loi,
pour cet emploi feulement, & que fi quelqu'un
de ces officiers étoit convaincu par la dépofition
de deux témoins dignes de fois, d'avoir touché
les profits de quelqu'autre emploi, « il feroit puni
» comme coupable de corruption & de parjure
» volontaire, ou banni à perpétuité de cet état,
» ou déclaré à jamais incapable de poffeder aucun
» emploi de profit ou de confiance. »

Elles ont de plus décreté qu'aucun miniftre de la
religion, tant qu'il exerceroit fes fonctions, ou même deux ans après en avoir ceffé l'exercice, ne pourroit poffeder aucun emploi civil ou militaire.

Et pour ne laiffer aucune reffource à la féduction facerdotale, l'état du Maryland a voulu
» que *tous dons, ventes, ou legs de terres à un*
» *miniftre, enfeignant publiquement, ou pré-*
» *chant l'évangile en fa qualité de miniftre, ou*
» *à quelque fecte, ordre, ou communion reli-*
» *gieufe que ce fut..... Tous dons ou ventes*
» *de meubles & effets, pour être recueillis éven-*
» *tuellement, ou pour avoir lieu, après la mort*
» *du vendeur ou du donnateur, à la deftination*
» *de l'entretien, ufage ou profit d'un miniftre,*
» *&c..... S'ils étoient faits fans la permiffion*

» *de la legiflature*, à l'exception des dons, ventes,
» baux & legs de terreins non excedant deux
» acres pour une églife, lieu d'affemblée ou au-
» tre maifon de culte, & auffi pour cimetiere,
» *lefquels terreins* ne pourroient être améliorés,
» poffédés & employés qu'à ces ufages, fuffent
» nuls. »

Prefque toutes ces légiflatures ont auffi déclaré que le peuple avoit droit de s'affembler *d'une maniere paifible & en bon ordre*, pour confulter fur ce qui intéreffe le bien commun, avoit le droit de donner DES INSTRUCTIONS (& non pas des mandats) à fes repréfentans, & de re-querir du corps légiflatif par la voie d'adreffes, de petitions ou de remontrances, le redreffement des torts qui lui auroient été faits & le foulage-ment de fes maux.

J'invite les gens impartiaux qui ne rejettent pas la lumiere qu'ils n'ont pas trouvée eux-mêmes, à méditer mûrement toutes ces conftitutions, ou-vrages de la fageffe & du véritable patriotifme ; ils fentiront, je crois, qu'en fe gardant d'une admiration & d'une imitation aveugles , c'eft rendre fervice à fa patrie, que d'y tranfplanter des vérités, qui n'en font pas moins utiles pour être nées fur un fol étranger.

Je les invite auffi pour juger de l'énergie &

des mœurs de ces peuples que l'on calomnie,
à lire leur déclaration d'indépendance ; ils ver-
ront si la raison & la liberté ont jamais déployé plus de sagesse, de modération & de courage.

Ils peuvent aussi consulter, pour connoître
leurs mœurs domestiques, le charmant & intéressant ouvrage de M. de Saint-John de Creve-
cœur, publié sous le titre de *Lettre d'un Cultivateur Américain.*

De Paris & des Provinces.

C'est une erreur répandue parmi les gens de
lettres, qui ne voyent jamais le peuple, sur-tout
le peuple des campagnes, qui ne vivent jamais
avec lui, avec les petits propriétaires laboureurs,
que Paris est le centre des lumieres, & qu'elle
ne font que commencer à se répandre dans les
provinces ; mais c'est précisément le contraitre. J'ai
fréquenté à Paris toutes sortes de sociétés : depuis
plus de quinze ans je vois des paysans une partie
de l'année ; je vais chez eux, je vis, je mange
avec eux ; j'ai habité pendant quelque tems sous
le chaume, une des campagnes les plus isolées
de la France, un village où jamais les bourgeois
des environs ne mettent les pieds qu'une fois
l'année au jour de la fête, où jamais peut - être

Parifien n'a porté fes pas, jamais peut-être non plus aucun citadin n'a été plus a portées, ne s'eft plus occupé que moi, d'étudier les mœurs des payfans, de les comparer avec celles des habitans des villes. Or, je le dis ici du plus profond de mon cœur ; je n'ai jamais trouvé nulle part autant de vraies lumieres, de vraie fenfibilité , de vraie vertu que parmi les cultivateurs pauvres & folitaires, éloignés des villes & des grandes routes, & qui ont le bonheur d'être dirigés par un bon curé ; je défefpérerois moi de notre régénéra‑ tion, fi je jugeois de tous mes compatriotes par la foule des êtres corrompus qui m'entourent, ce n'eft pas de leurs talens, de leurs lumieres dont je me défie, mais de leurs mœurs, de leurs habitudes qui en pervertiffent l'ufage ; j'ai vu des provinciaux, des payfans, même des payfanes dont l'ame eft plus noble & plus forte, la tête plus faine & mieux organifée que celle de tous nos libertins à talens frivoles, de nos fcandaleux *phi‑ lofophes*. Paris peut être le centre de la corruption, des arts & du goût ; mais c'eft dans les provinces où il y a moins de plaifirs frivoles, de jouiffances, de luxe & de diffipation, c'eft fur-tout dans les campagnes où regnent la médiocrité , la tempérance , toutes les faines habitudes, qu'il faut chercher les vraies lumieres, le

T

fentiment profond du bonheur général, & des moyens de l'opérer.

Le projet de placer les états-généraux à Paris (1), eft donc un projet dangereux ; ce feroit les jetter dans le bourbier des paffions les plus viles, au centre de la corruption ; ce feroit les expofer aux infernales machinations de tous les intérêts particuliers, les plus bas, les plus actifs & les plus intraitables de tous les vices enfantés par notre dépravation ; ce feroit les mettre fous l'influence de *notre bonne compagnie*, de nos *fociétés* gangrenées. On y frapperoit les projets les plus utiles, les vues les plus louables de la verge du ridicule ; cette arme perfide des lâches, que les François, en général, ne favent point encore affez braver, eft-ce donc dans un lieu infâme qu'on affembleroit des hommes chaftes & fages pour faire des loix contre la proftitution ? Placez les défenfeurs du peuple, les repréfentans, 'les amis de la patrie, loin de toutes les influences mortelles à la liberté. Placez-les au centre des mœurs & de l'honnêteté, que tout, jufqu'à l'air qu'ils refpireront rafraîchiffe leurs cœurs du baume

---

(1) On voit que ceci étoit écrit il y a long-tems.

falutaire du patriotifme. Placez-les à Grenoble,
ils vivront là fous l'heureufe température de
l'efprit public ; ils travailleront là à l'ombre
de l'arbre fraternel planté par l'égalité (1).

---

(1) *De la maniere de juger les Nations.*

» Toutes les capitales fe reffemblent : tous les peuples
» s'y mêlent : toutes les mœurs s'y confondent : ce n'eft
» pas là qu'il faut aller étudier les nations. Paris &
» Londres ne font à mes yeux que la même ville.
» Leurs habitans ont quelques préjugés différens ; mais,
» ils n'en ont pas moins les uns que les autres, & toutes
» leurs maximes pratiques font les mêmes. On fait quelles
» efpeces d'hommes doivent fe raffembler dans les cours.
» *On fait quelles mœurs, l'entaffement du peuple &*
» *l'inégalité des fortunes doit par-tout produire. Si-tot*
» *qu'on me parle d'une ville compofée de 200 mille*
» *ames, je fais d'avance comme on y vit.* Ce que je
» faurois fur les lieux ne vaut pas la peine d'aller l'ap-
» prendre.

» C'eft dans les provinces reculées, où il y a moins
» de mouvemens, de commerce, où les étrangers voya-
» gent moins, dont les habitans fe déplacent moins,
» changent moins de fortune & d'état, qu'il faut aller
» étudier le génie & les mœurs d'une nation. Voyez en
» paffant la capitale ; mais allez obferver au loin le pays.
» LES FRANÇOIS NE SONT PAS A PARIS ; ILS
» SONT EN TOURAINE. Les Anglois font plus Anglois
» en Mercie qu'à Londres, & les Efpagnols plus Ef-

SIXIEME NOTE.

Moyen d'affranchir promptement les Negres sans compromettre la sureté des Colons.

TACITE nous apprend que chez les Germains, les esclaves n'étoient point employés au service domestique. Chacun avoit son habitation & ses pénates.

Seulement, ajoute-t-il, le maître imposoit à l'esclave, comme à un fermier, un tribut, c'est-à-dire, une redevance annuelle en grains, en bétail ou en peaux de bêtes farouches, &c. l'esclave ne manquoit jamais à le payer.

Ne pourroit-on pas de même s'attacher les Negres par la propriété ? Ne pourroit-on pas engager les Colons à partager une partie de leurs

---

» pagnols en Galice qu'à Madrid. C'est à ces grandes
» distances qu'un peuple se caractérise, & se montre tel
» qu'il est sans mélange : c'est là que les bons & les
» mauvaises effets du gouvernement se font mieux sen-
» tir, comme au bout d'un plus grand rayon la mesure
» des arcs est plus exacte ».

J. J. Rousseau, Emile tom. 4, p. 296 & suiv.

habitations entre leurs efclaves, fur lefquels ils auroient l'infpection, qu'ils regarderoient comme des vaffaux fideles, & dont ils pourroient exiger un tribut annuel, felon l'étendue & la qualité de leurs cultures.

Ainfi, les Negres s'uniroient aux Colons par les liens de la vaffalité, qui feroient refferrés par ceux de la reconnoiffance.

Et fi, comme la juftice l'exige, on accordoit aux Negres vaffaux la faculté de fe racheter du tribut envers leurs feigneurs, par le rembourfement du fonds, on les exciteroit au travail par le defir de la propriété, & ils pourroient plus promptement s'unir aux blancs par les liens de la cité.

J'avois ainfi terminé cette note, lorfqu'en lifant les *vœux d'un folitaire*, j'y ai remarqué des réflexions fur l'efclavage & l'affranchiffement des noirs, fur lefquelles, quoiqu'elles fe rapprochent en partie des idées que j'avois conçues, je me permettrai quelques obfervations, dont le modefte auteur des études ne fera fûrement point choqué.

Je les foumets entierement à fa fageffe & à fon expérience.

Après avoir prêté aux Negres opprimés, l'ap-

T 4

phi fecourable de fon humanité & de fon éloquence, il ajoute :

« Mais comme il ne faut pas ruiner (1) les
» hommes qu'on veut réformer, j'obferverai en
» faveur des habitans de nos colonies, qu'il faut
» procéder peu - à - peu à l'abolition de la fer-
» vitude de leurs Noirs, *autrement on feroit le*
» *malheur des maîtres & des efclaves* ; les ré-
» volutions de la politique doivent être pério-

---

(1) » Je ne fais pas fi le caffé & le fucre font né-
» ceffaires au bonheur de l'Europe ; mais je fais bien
» que ces deux végétaux ont fait le malheur de deux
» parties du monde. On a dépeuplé l'Amérique, afin
» d'avoir une terre pour les planter : on dépeuple l'A-
» frique afin d'avoir une nation pour les cultiver.

» Il eft, dit-on, de notre intérêt de cultiver des den-
» rées qui nous font devenues néceffaires plutôt que de
» les acheter de nos voifins. *Mais puifque les charpen-*
» *tiers, les couvreurs, les maçons & les autres ouvriers*
» *européens, travaillent ici en plein foleil, pourquoi*
» *n'y a-t-on pas des laboureurs blancs ?*

» Mais que deviendroient les propriétaires actuels ? ILS
» DEVIENDROIENT PLUS RICHES. *Un habitant feroit à*
» *fon aife avec vingt fermiers, il eft pauvre avec vingt*
» *efclaves.* On en compte ici *vingt mille* qu'on eft obli-
» gé de renouveller tous les ans *d'un dix - huitieme.*
» Ainfi, la Colonie abandonnée à elle-même, *fe détrui-*

» diques comme celles de la nature, &c. &c. (2). »

Oferai - je lui demander fi cette loi eft bien générale ? La nature ne repare-t-elle jamais que par des révolutions périodiques. Il me femble que c'eft elle auffi qui fait fortir tout-à-coup le calme du fein des orages qui rendent en un moment à l'air épaiffi de vapeurs groffieres, fa pûreté, fa férénité.

Et pour m'appuyer fur les faits, à fon exemple, la révolution opérée par Lycurgue à Sparte, ne fut-elle pas fubite, & ne fe trouva-t-il pas bien d'avoir employé la force, comme la nature qui rétablit quelquefois l'harmonie des êtres, par les commotions violentes.

» roit au bout de dix-huit ans. (TANT IL EST VRAI » QU'IL N'Y A POINT DE POPULATION SANS » LIBERTÉ ET PROPRIÉTÉ, ET QUE L'INJUSTICE » EST UNE MAUVAISE MÉNAGERE).

Voyage à l'Ifle de France 1773 , tom. Ier, p. 201 & f.

(2) En montrant la néceffité de détruire les grandes propriétés, il ne veut pas non plus qu'on touche à aucune des grandes propriétés actuelles, même territoriales.

» Ces vœux, dit-il, que je forme pour la félicité » publique, ne font que pour l'avenir, & ne doivent pas caufer à préfent *la ruine* d'aucun grand proprietaire «.

Oferai-je demander au vertueux & bienfaifant
auteur des études, s'il croît réellement que ce
feroit vouloir ruiner les Colons , que les engager
à affranchir leurs Negres & à en faire leurs fer-

Mais un grand propriétaire que le roi & les repréfentans de la nation engageroient , pour le bien public , à
affermer avec claufe de rembourfement , une partie de
fes grandes propriétés , ou même à les céder généreufement pour former de petites propriétés en faveur de
l'honnête indigence , feroit-il vraiment ruiné (A) ?

Celui qui , ayant 20000 liv. de revenu , en facrifie-
roit jufqu'a 15 mille , & retrancheroit ainfi de fon fuperflu pour donner à fes concitoyens le néceffaire , fe
ruineroit-il ?

Non fans doute , & peut-être allons-nous voir bientôt
de pareils facrifices. Quand l'humanité & l'honneur parlent aux *François* on peut tout attendre de leur générofité.

(A) Mais vous qui réclamez fi rigoureufement la
juftice pour vos femblables, qui traitez les oppreffeurs
avec tant de févérité ; vous - même ..... lecteur, je
vous entends. Soyez tranquille ; avant de parler d'humanité , de vertu & de juftice , j'y ai plus d'une fois
penfé.

Soyez tranquille , Dieu lit dans nos coeurs & nous
juge.

miers & leurs tributaires auffitôt après les avoir affranchis.

Pourquoi, en effet, après avoir affranchi leurs perfonnes, les laifferoit-on gémir un jour, un feul jour fous le dur efclavage de la glebe (1)!

Au refte, encore une fois, toutes ces obfervations ne font que des doutes, que ma jeuneffe inexpérimentée foumet en toute confiance à l'homme vertueux & auffi humain que fage auquel ils font adreffés.

Peut-être le fentiment profond des fouffrances des malheureux Noirs m'égare ; peut-être me laiffai-je aveugler par le zele dont je fuis animé ; mais il femble à mon cœur que tous les efforts,

---

(2) M. de Saint-Pierre, après qu'on aura défendu la traite des Noirs, confeille de réduire enfuite la fervitude perfonnelle à celle de la glebe, » puis celle de la » glebe en affranchiffemens , qu'on feroit, dit-il, dé » pendre de leur bonne conduite à l'égard de leurs maî » tres, afin qu'ils leur aient en partie obligation de » leur liberté.

Peut-être en effet cette marche eft-elle plus conforme à la loi *des poffibles* & à la prudence ? Peut-être va-telle mieux au but d'unir les maîtres aux efclaves , qui eft celui que l'on doit fe propofer.

tous les facrifices font poffibles à l'amour de l'humanité. Je ne vois pas de fi grandes difficultés à l'affranchiffement des malheureux Negres. Il me femble qu'en employant la perfuafion & l'autorité fur nos Colons, & fur-tout, en les excitant par notre exemple, comme Benezet, à la générofité & à la bienfaifance ; il feroit poffible de les engager plutôt qu'on ne penfe à céder une partie de leurs habitations aux Negres laborieux & fidelles (car il en eft fans doute quelques-uns) pour en faire leurs vaffaux & leurs fermiers.

Pour ceux qui ne voudroient pas travailler, ou dont on craindroit la vengeance, on pourroit, ce me femble, les renvoyer dans leurs patries, ou les tranfporter dans quelques-unes de ces îles défertes, dont l'Amérique abonde, en leur fourniffant les moyens de s'y établir. Au moins en les affranchiffant du joug terrible de l'efclavage ; leurs maîtres s'affranchiroient-ils promptement du joug bien plus terrible des remords, qui doivent fuivre chez quelques-uns d'entr'eux, l'infraction des premieres loix de la juftice & de l'humanité.

Peut-être les Noirs tranfplantés pourroient-ils devenir laborieux, bons & heureux dans leurs nouvelles patries. Peut-être s'y multiplieroient-ils

bientôt sous les auspices du bonheur & de la
liberté.

Hélas ! peut-être un jour quelqu'Européen ou
quelque Colon, jetté par un naufrage dans une
de ces îles peuplées par ses freres, y retrouve-
roit avec joie quelqu'usage, quelque plante, quelqu'art de l'Europe, que la reconnoissance y auroit naturalisés, y recevroit dans sa détresse, les
caresses hospitalieres, les témoignages d'amour
d'un peuple naissant, qui s'empresseroit de ré-
compenser en lui ses freres, auxquels il devroit
sa félicité.

Ah ! que cette colonie nouvelle seroit bien
plus intéressante, & nous seroit unie par des rapports plus touchans que ne le furent à la Grece
ses nombreuses colonies, puisque ce ne fut qu'à
des émigrations forcées, que celles-ci durent leur
naissance, & que celle-là plus heureuses pourroient rapporter leur origine à un retour vertueux,
à la justice & à l'humanité (1).

---

(1) Comme on pourroit m'objecter la disette de cultivateurs que ces transplantations des noirs pourroient
produire dans nos Isles, M. de Saint-Pierre va répondre pour moi, & beaucoup mieux que je ne le pourrois faire.

» Les vastes habitations de Saint-Domingue & des
» Antilles, divisées en petites propriétés & devenues li-

Ah ! puissent les Colons écouter bientôt son langage ! Puissent-ils bientôt se rendre aux vœux de toutes les ames sensibles, en affranchissant leurs malheureux esclaves, en leur donnant des moyens assurés de subsistance, & mériter ainsi du souverain juge, de leurs esclaves & de tous les hommes, le pardon, que mon cœur leur souhaite, de tant d'atrocités.

Puissent les ministres de la religion de Jésus (1),

» bres, seroient aussi industrieuses, & j'ose dire, plus
» agréables, par la facilité de leur culture, & par la
» température de leur ciel, que les fermes & les mé-
» tairies de la France, où les hivers sont si rudes.
» Elles offriroient une multitude d'emplois & de métiers
» à quantité de nos pauvres paysans & ouvriers, qui
» manquent en France de travaux ; & les habitans de
» nos Colonies se trouveroient PLUS RICHES, plus heureux
» & plus distingués quand, *au lieu d'esclaves étrangers,*
» *ils auroient des fermiers compatriotes ; & au lieu*
» *d'habitations, des seigneuries.*

Vœux d'un Solitaire pour servir de suite aux Etudes de la Nature, p. 157 & suiv.

(1) Si on ne peut absolument affranchir promptement les malheureux Noirs dans nos Colonies, je crois que l'un des meilleurs moyens de les rendre bons & de les soulager, seroit d'y étendre, autant qu'il seroit possible, la puissance, d'y favoriser les établissemens du Clergé.

Le pouvoir du Clergé, pouvoir moral fondé sur le sen-

de cette religion touchante qui n'eſt qu'amour, pardon, bienfaiſance ; puiſſent ces miniſtres d'un Dieu de paix, dont la ſainte éloquence conſola ſi ſouvent les miſérables, fléchit autrefois en leur faveur la miſéricorde des puiſſances, dont les vertus ſoulagerent ſi fréquemment leurs maux ; puiſſent-ils fléchir aujoud'hui les cœurs des Colons pour leurs malheureux eſclaves, rappeller les Colons à l'humanité & à la juſtice, leurs eſclaves à la bonté originelle de l'homme, en les faiſant renaître au bonheur & à la liberté.

Ah ! ſi ma foible voix pouvoit toucher en faveur d'un ſeul, d'un ſeul Negre, le cœur de quelque riche Colon, l'engager à le délivrer de l'eſclavage & de la miſere, preſqu'auſſi cruelle ; le jour où j'aurois

---

timent & l'opinion y balanceroit le deſpotiſme des Colons en faveur des malheureux Negres ; & ſes établiſſemens, dirigés par des hommes que leur miniſtere accoutume à la douceur, que la religion pénetre des ſentimens de la juſtice, y amélioreroit leur ſort par degrés.

Voyez le Paraguai rendu heureux & policé par les Jéſuites, & ſongez que ce fut d'abord aux miniſtres de la religion que nos infortunés ancêtres, courbés ſous l'eſclavage de la glebe, durent les adouciſſemens de leur ſervitude.

Je dois l'idée de cette note à l'auteur de l'Echo de l'Elyſée.

fait fuccéder les larme de la joie à celles du défefpoir, le bonheur d'un homme à fon infortune,
banniroit pour jamais de mon cœur le chagrin &
les vaines alarmes, & feroit de mes jours le jour
le plus heureux.

Puiffe le fouverain bienfaiteur des hommes qui
pefe dans fa fageffe & dans fa bonté leurs joies
& leurs peines, exaucer bientôt les vœux *d'un
vertueux folitaire*, qu'ont dejà répétés les ames
fenfibles, affranchir bientôt de l'oppreffion & de
la mifere ; les Negres & tous les opprimés.

Vitam impendere vero.

Je me fuis dit, avant d'écrire, que pour ofe parler
de liberté & de vertu, il falloit tâcher d'être
vertueux & libre, que pour dire la vérité aux
hommes & leur faire du bien ; il falloit à chaque inftant dévouer fa vie. Ainfi, en entrant
dans la carriere, j'ai pris dans mon cœur pour
devife, ces vers fublimes d'un écrivain, dont le
courage inébranlable ne ceffa jamais de s'élever
contre l'oppreffion par-tout où elle fe montroit.

Summum crede ne fas animam præferre pudori ,
Et propter vitam vivendi perdere caufas.

« Crois que le plus grand crime eft de facrifier l'honneur à l'exiftence, & de renoncer

» pour la vie anx feuls objets qui doivent nous
» la faire aimer. »

Quiconque n'a pas fans ceffe préfents à la
penfée ces vers, où eft exprimée la premiere &
la plus profonde de toutes les vérités ; quiconque, avant de prendre la plume n'a pas médité
mûrement l'admirable chapitre de Montaigne, où
il prouve fi bien que *philofopher c'eft apprendre
à mourir*, chapitre qui devroit être à mon gré
le cathéchifme de l'homme de lettres; en un
mot, quiconque n'eft pas réfigné pour faire le
bien à tout fouffrir, jufqu'à la mort même la
plus cruelle, ne doit point écrire pour être utile:
non, il ne le doit pas, s'il n'eft pas prêt à donner
gaiement fa vie pour ce que fa confcience & fa
raifon lui préfentent comme la vérité.

Aux Lecteurs.

Quelques perfonnes en voyant le titre de cette
brochure, auront fans doute cru y trouver un
précis exaɕ des principes politiques de Rouffeau,
elles auront été trompées ; mais j'ai fait au moins
enforte qu'elles y puffent retrouver part-tout fa
morale.

Sans doute cette effai paroîtra bien indigne
d'un fi grand nom ; mais il aura fervi de fauve-
garde à des idées que je crois utiles.

Quand ce nom immortel ne mé ferviroit d'ailleurs qu'à faire accueillir de quelques ames honnêtes & fenfibles, l'hommage de ma reconnoiffance pour un écrivain qui fut l'ami de Rouffeau , & que les hommes impartiaux placent
déjà à côté de lui , mon cœur feroit fatisfait.

Je demande grace pour le moment & pour
ma jeuneffe. Si le tems m'avoit moins preffé , je
fens que , malgré la foibleffe de mes moyens ,
j'aurois pu peut-être faire parler Rouffeau d'une
maniere moins indigne de lui , remplir moins mal
le cadre affez heureux que j'avois choifi ; mais pendant que j'y travaillerois , la conftitution feroit faite,
& quelques idées neuves & importantes entierement perdues.

Je prie donc le lecteur de vouloir bien fonger , en jugeant l'ouvrage , que ce n'eft pas
Rouffeau qui a parlé , mais un jeune Adepte , qui
s'eft mis fous fa protection.

Aux Mânes de Rouffeau.

O toi , qui fus le plus étonnant des hommes ,
padonne , ombre immortelle à ma témérité.

Je fens combien j'ai profané ton nom augufte ,
en le faifant fervir d'organe à mes penfées.

Je fens combien , pour ofer te faire parler ,

il falloit un talent qui fut plus près du tien ,
une plume plus éloquente & plus exercée.

Mais fi ma médiocrité eft bien loin de ton
génie, mon cœur au moins me dit que j'ai pu,
fans rougir, faire parler la vertu.

J'ai conçu quelques idées que j'ai cru utiles,
& j'ai penfé qu'elles feroient accueillies, fi je
les préfentois à mes concitoyens fous l'appui de
quelques grand noms. J'ai voulu que ma foible
plante put croître dans la faveur publique à
l'ombre de tes lauriers.

Défavouerois-tu les efforts d'un jeune éleve
de ton génie, dont les fentimens du moins ne
déshonoreront point ceux qui animerent tes écrits.
Tes manes pourroient - ils s'offenfer, de ce que,
novice encore dans l'art fi difficile de faire du
bien aux hommes en les éclairant, je me fuis
mis fous ta tutelle.

Non , non , du fond de ta demeure célefte,
tu juges mon cœur, tu n'y vois que la haine de
la tyrannie & de la méchanceté , le zele de
l'humanité, le defir ardent & défintéreffé d'être
utile, & en faveur de mes intentions, en faveur de la pureté de mes vues, tu me verras
d'un œil indulgent, me mettre à couvert fous
ta puiffante égide.

V

Au Tems.

Si je devois un jour pour de viles richesses
Vendre ma liberté, descendre à des bassesses;
Si mon cœur par mes sens devoit être amolli
O Tems ! je te dirois : préviens ma derniere heure :
      Hâte-toi ; que je meure :
Oui , j'aime mieux mourir que de vivre avili.

  Mais si de la vertu les généreuses flammes
Peuvent de mes écrits passer dans quelques ames ;
Si je puis d'un ami soulager les douleurs ;
S'il est des malheureux dont l'obscure innocence
      Languisse sans défense ,
Et dont ma foible main doive essuyer les pleurs :
O tems ! suspens ton vol , respecte ma jeunesse.

THOMAS. Ode sur le Tems.

F I N.